安徽省哲学社会科学规划青年项目（项目批准号：

安徽省高校哲学社会科学优秀青年项目（项目批准号：2022AH030031）

小农户和现代农业衔接的服务组织模式研究

韩春虹 ◎ 著

中国农业出版社

农村读物出版社

北　京

前 言
FOREWORD

我国资源禀赋的刚性约束、发展阶段的现实掣肘,以及保障粮食安全的多重挑战,决定了发展现代农业必须要重视小农户生产经营现代化。通过新型农业服务主体提供农业社会化服务带动小农户实现农业现代化已成为国家政策的基本导向。伴随着新型农业服务主体的蓬勃发展,小农户家庭经营和新型农业服务主体农业社会化服务相结合的组织模式,在我国大多数地区已形成多元化实践路径,为小农户和现代农业衔接提供了可能性。但是,当前学术界对不同服务组织模式所蕴含的内在机理还缺乏科学的认识。因此,迫切需要从理论和实践层面对小农户和现代农业衔接的服务组织模式进行剖析,以便探索小农户和现代农业有效衔接的路径。这对于推进农业现代化以及实施乡村振兴战略具有重要的现实意义。

在梳理国内外相关研究成果基础上,本书采用归纳演绎分析法、比较分析法、实地调查法和计量分析法等方法,依据传统农业改造理论、可行能力理论、劳动分工理论和产业组织理论,基于安徽和山东粮食主产区 1 152 户小农户的实地调查数据与资料,系统地研究了小农户和现代农业衔接的服务组织模式。首先,考察了小农户和现代农业衔接的现状、现实基础及服务组织类型,并对小农户和现代农业衔接的服务组织模式进行了划分。同时,从宏观层面的国家政策目标和微观层面的小农户福利目标建立了小农户和现代农业衔接的服务组织模式绩效评价基准,并构建了"制度特征—实现机制—运行绩效"理论分析框架,对小农户和现代农业衔接的服务组织模式的内在机理进行了系统的理论刻画。以此为理论基点,从绩效和效率视角出发,对不同服务组织模式的运行绩效展开具体的实证研究,以及对不同服务组织模式下小农户粮食生产的技术效率进行测度与分析。最后，探究了三种服务组织模式存在的约束性难题，并对小农户和现代农业有效衔接进行了理论设计。本书主要研究结论如下：

①小农户和现代农业衔接具有现实基础和存在多元实践。现实考察表明，我国小农户家庭经营具有相对效率优势且能够适应现代农业发展，同时现代农业发展包容多元经营方式，加之新型农业服务主体为小农户家庭经营的存续拓展了空间，因而小农户和现代农业衔接仍然具有现实基础。进一步的实地考量表明，现阶段我国存在着小农户和现代农业衔接的多元实践，可归纳为农业龙头企业带动型、农民专业合作社带动型和农业社会化服务组织带动型等。

②基于"制度特征—实现机制—运行绩效"的理论分析框架，揭示了小农户和现代农业衔接的服务组织模式的内在机理。其中，产业服务组织模式通过发挥龙头企业的市场势力和资本实力优势，促进农业产业链的扩展深化；合作服务组织模式借助于合作社的服务功能，实现农业产业链上核心要素的整合和组织内部资源的共享；市场服务组织模式通过扩大服务市场容量，促进农业分工和要素融合。三种服务组织模式在促进小农户和现代农业衔接方面均发挥了积极作用，但其运行绩效还存在着显著差异。

③三种服务组织模式各具优劣势，但总体而言市场服务组织模式是最优的。基于小农户和现代农业衔接的服务组织模式绩效评价基准，对三种服务组织模式绩效的理论和实证分析表明：从国家政策目标角度来看，产业服务组织模式是最优的服务组织模式；从小农户福利目标角度来看，市场服务组织模式是最优的服务组织模式；综合国家政策目标和小农户福利目标来看，市场服务组织模式最具有目标兼容性。

④三种服务组织模式下小农户粮食生产的技术效率存在差异。测度分析表明，市场服务组织模式下小农户粮食生产的技术效率略高于产业服务组织模式，而合作服务组织模式最低。同时，从要素产出弹性来看，市场服务组织模式相对更有利于提高土地和资本产出率，产业服务组织模式更有助于提高劳动产出率，但合作服务组织模式由于存在服务不到位、服务功能缺失等问题，未能显著提高各要素的产出率。进一步地，在技术效率的各主要影响因素中，家庭社会关系网络特征和农业社会化服务利用程度

对三种服务组织模式下小农户粮食生产技术效率有显著正向影响，但其他因素的影响方向和程度有所差异。

⑤实践案例分析表明，三种服务组织模式均难以突破小农户组织稳定性弱和服务规模化难等约束性问题，为理论思考提供了空间。其理论启示是：实现小农户和现代农业有效衔接的内在逻辑表现为关系网、利益网和互联网三者的结合，即体现为社会逻辑和技术逻辑的结合。一方面，提高小农户的组织化程度需与农村社会环境相契合，利用好熟人信任的关系网以及在此基础上衍生的利益网是促进小农户组织化的现实选择；另一方面，借助互联网的网络功能和技术功能来整合农业社会化服务市场中的各种服务资源，促进各类服务组织分工和专业化以有效实现服务规模化。社会逻辑和技术逻辑相结合，有助于实现小农户组织化和服务规模化，从而扩大服务市场交易圈、促进农业分工的深化，为小农户融入现代农业发展进程提供有效路径。

目 录
CONTENTS

第1章 绪 论

1.1 研究背景

1.1.1 资源禀赋的刚性约束

我国人多地少的基本国情决定了借助土地规模经营发展现代农业在短期内难以奏效。近年来，关于我国现代农业发展的主流思路是，通过引导土地经营权流转来培育新型农业经营主体，以形成土地规模经营基础上的现代农业。土地经营权流转的推进，尽管在促进我国现代农业发展方面取得了一定成效，但并没有从根本上改变我国农业分散经营的格局。农业农村部统计资料显示，我国有 2/3 的耕地由承包农户自己经营，在已流转的 1/3 耕地中，流入承包农户的比例约达到 58%。二者合计，由承包农户经营的耕地比例仍高于 85%。在第二、三产业欠发达的地区，如山西、新疆和海南等省（区），该比例甚至超过 95%（赵鲲和刘磊，2016）。据农业 2017 年的预测，2020 年，我国仍有近 2.2 亿户小农户耕地经营规模在 50 亩以下，所经营的耕地面积占耕地总面积的 80% 左右；到 2030 年，该类小农户仍将有 1.7 亿户，经营耕地面积约占 70%，2050 年该类小农户将降为 1 亿户左右，经营耕地面积仍占 50%[①]。由此表明，新型农业经营主体的兴起在短期内不可能代替小农户家庭经营。同时，土地的地形分布

---

① 数据来源：《全国 2.6 亿小农户出路在这里》，http://www.sohu.com/a/207919906_760146。

特征也决定了我国不可能全面实施规模化经营。我国山区和丘陵多、平原少的自然地理条件在一定程度上阻碍了农业规模化生产和管理。由于山区和丘陵地区地块较分散且地势起伏不平，农业机械化难度大、成本高，而小农户家庭经营精耕细作的比较优势则能够破除地形条件的制约。因此，促进小农户和现代农业衔接具有合理性和现实必要性。

1.1.2 发展阶段的现实掣肘

现阶段，我国城市化、工业化和农业现代化"三化"关系总体上还呈现出失衡状态，表现为：城市化滞后于工业化、农业现代化滞后于城市化和工业化。虽然当前城市化率已达到约 60%，但与发达国家比较，我国城市化发展水平仍然相对滞后。世界银行统计数据显示，2010 年全球城市化率平均为 50.9%，工业化率达到 26.1%，二者的比值为 1.95。然而，我国城市化率和工业化率的比值仅为 1.09。说明我国的城市化水平明显滞后于工业化水平。与此同时，相对于工业化和城市化，我国农业现代化的滞后性更加显著。从产业结构和就业结构二者之间的关系来看，国家统计局数据显示，2007 年到 2016 年，10 年间我国第一产业在国内生产总值中的比重从 11.3%降到了 8.6%，但是第一产业就业比重仍高达 27.7%，说明近 1/3 的农业劳动力创造了不足 1/10 的国内生产总值。这反映出我国就业结构和产业结构之间不协调，以及农业现代化存在滞后性（黄祖辉，2014）。同时，这也意味着城市化对农业剩余劳动力进行充分吸纳还需要一个过程，且我国小农户家庭经营格局仍将长期存在，促进小农户生产经营现代化无疑是实现我国农业现代化的关键。因此，发展阶段的现实掣肘也决定了小农户和现代农业衔接具有客观必然性。

1.1.3 保障粮食安全的多重挑战

保障国家粮食安全一直是我国政府关注的深层次问题。据农业农村部统计，当下我国 2 亿多小农户承担着主要粮食的生产和供给。然而，由于小农户受教育水平不高、经营管理能力缺乏和技术运用能力薄弱，难以驾驭现代农业生产技术和先进机械设备，通常沿袭传统的生产方式，使用一些技术含量低、环境危害大、增收效能低的投入品。例如在病虫害防治上，小农户为了避免病害虫导致的农作物产量减少，对农药、化肥等农业化学品高度依赖。同时，与规模经营主体相比，我国小农户的风险承受能力较弱，为了规避农业生产风险以及减少收入的变异性，在生产活动中往往采取保守行为，使其生产决策偏离经济最优，从而导致粮食质量水平不高、多样化程度低，未能满足消费者需求的变化，造成供求结构失衡，表现为低品质粮食供过于求和高品质粮食供不应求。显然，小农户这种分散、粗放的生产方式已不能适应我国城乡居民消费结构升级的趋势。近年来，伴随经济社会的快速发展，我国城乡居民的生活水平持续提高，消费理念发生较大变化，消费结构日益呈现多样化趋势，更加注重粮食的优质化，低碳、绿色、有机粮食的需求不断增加并正成为新的消费趋势。因此，在新形势下，要满足消费者对粮食结构和品质的需求，必须将我国小农户家庭分散经营的农业生产方式，转变为组织有序、技术先进、规模适度的现代农业生产方式，进而实现粮食产业现代化，保障国家粮食安全。

1.2　问题的提出

我国资源禀赋的刚性约束、发展阶段的现实掣肘，以及保障粮食安全的多重挑战，决定了通过引导土地经营权流转来发展现代农业将是一个渐进且缓慢的过程，小农户家庭经营格局在我国仍将长期存在。因此，发展现代农业必须要重视小农户，只有将小农户纳入现代农业发展中，才能推进农业现代化。正是在这样的背景下，2016 年中央 1 号文件指出，"支持新型农业经营主体和新型农业服务主体成为建设现代农业的骨干力量⋯⋯支持多种类型的新型农业服务主体开展⋯⋯专业化规模化服务"；接着 2017 年中央 1 号文件又提出，"大力培育新型农业经营主体和服务主体⋯⋯加快发展土地流转型、服务带动型等多种形式规模经营"。党的十九大报告中进一步强调，"构建现代农业产业体系、生产体系、经营体系⋯⋯健全农业社会化服务体系，实现小农户和现代农业发展有机衔接"；2018 年中央 1 号文件继续指出，"培育新型农业经营主体和扶持小农户⋯⋯把小农生产引入现代农业发展轨道"。由此看出，除了通过土地流转来实现农业现代化之外，还需通过新型农业服务主体提供农业社会化服务带动小农户发展现代农业。近年来，伴随着新型农业服务主体的蓬勃发展，小农户家庭经营与新型农业服务主体农业社会化服务相结合的组织模式，在我国已形成多元化实践路径，为小农户和现代农业衔接提供了可能性。那么，在小农户和现代农业衔接中，存在哪些典型的服务组织模式？不同服务组织模式的制度特征和实现机制是什么？小农户参与不同服务组织能否改善其福利水平以及是否有助于国家政策目标的实现？不同服务组织模式下小农户的农业生产效率是否存在差异，其主要影响因素有哪些？在现实制度环境下，服务组织模式应当具备哪些条件才能更有效地促进小农户和现代农业衔接？对上述问题作出解答，有助于为促进小农户和现代农业衔接提供理论支撑，以及为服务组织模式的深入发展提供决策参考。

1.3 相关概念界定

1.3.1 小农户概念界定

关于小农户的概念，至今理论界没有一个统一且清晰的界定。就现有文献来看，国内外学者关于小农户的各种定义和解释，大多是对其进行直观描述，缺乏反映其主体的本质规定性和一般特征。比如，国际上最具权威性的《不列颠百科全书》给小农户下的定义是"耕种土地的小土地所有者或农业劳工"（不列颠百科全书公司，2005）。《新帕尔格雷夫经济学大辞典》对小农户的定义是"居住在乡村并在土地上工作的人"（约翰·伊特韦尔，1996）。《中国大百科全书 经济学Ⅲ》对小农户的定义是"建立在生产资料私有制的基础上，从事小规模耕作的个体农民"（中国大百科全书总编辑委员会《经济学》编辑委员会，1988）。Frank 和 Ellis（2006）在定义小农户时强调，小农户是指在农业生产经营中主要利用家庭劳动从事农业生产，并获取生活资料的土地所有者。纵观上述小农户的定义，虽看似简单，但其含义含糊不清、过于笼统。而科学界定小农户概念的最大难点在于小农户主体构成的历史多样性与过渡形态、小农户单元合成规模的复杂性与不确定性，以及小农户家庭"最低生存水准"的变动性（张新光，2011）。

现有文献也有从经营规模角度对小农户概念进行界定。比较流行的是Csaki 和 Haan（2003）的定义，把土地经营规模低于30亩的农户界定为小农户。若采用这一标准，我国有近 89.9% 的农户为小农户。类似地，张红宇（2017）将小农户定义为：因我国资源禀赋刚性约束而形成的以家庭为基本单位、集生产和消费为一体的微观经营主体，其中主要包括自给型小农户和商品型小农户。近年来，葛志华（2018）则通过农业经营制度来定义小农户的内涵：一是指个体农民自主经营一小块土地；二是指小块土地的所有者和经营者。可见，三者都强调小农户经营规模小的特征。毋庸置疑，如果从经营规模来看，我国农民仍属于小农，并且现阶段这种"小型化"趋势更突显，主要表现在：耕种的土地规模小、家庭人口数量小（徐勇，2006）。除规模小之外，当今的小农还带有市场经济的某些特征，表现为市场导向的特征。对此，邓大才（2006）根据小农的行为与动机将小农划分为传统小农、商品小农、社会化小农和现代小农。他认为目前我国小农的需求已经由生存需求转变为货币需求，商品小农阶段已转变为社会化小农阶段，而社会化小农不同于经典小农，它具有特质性与独立性、崇尚"货币伦理"和追求家庭可支配收入最大化等特点。近年来，随着市场经济的发展，在以市场为主导的工业化、城市化进程中，我国农村形成了"半工半耕"社会结构，呈现出一种新的农民家庭发展形态，即发展型小农家庭（张建雷，2018）。

综合上述学者对小农户内涵特征的阐释，本书讨论的小农户不是过去那种以农为生的小农，也不是养家的小农，更不是传统的精英式小农，而是置于现代社会经济形态以及从适应现代农业发展的视角来界定的小农户。在本研究中，小农户是指拥有小块土地的承包经营权，以家庭经营为基本单位从事农业生产的农村社区成员。在经济社会发展过程中，虽然小农户的生产、生活和交往方式发生了改变，发展现代农业的能力有所提升，但仍面临着诸多问题，小农户需要借助外部力量的支撑以及选择适宜的农业经营组织形式来发展现代农业。因此，本书讨论的小农户具有以下特征：（ⅰ）土地经营规模低于 30 亩，且地块分散细碎；（ⅱ）生产目标以商品性为主、以自给性为辅，亦即，小农户生产的产品并非为了满足自身需要，而是为了换取货币化收入；（ⅲ）生产要素供给以商品性生产资料为主，即小农户使用的生产资料主要是通过购买所得；（ⅳ）生产经营日益社会化和专业化。伴随农业科技的发展、社会分工的深化，小农户不再封闭地进行农业生产，而是通过与外部组织合作，不断提高农业生产的专业化程度。

1.3.2　现代农业概念界定

围绕现代农业的概念，国内外学者已进行了广泛研究，并取得了丰富的成果。现代农业的早期研究者西奥多·W. 舒尔茨（2016）在《改造传统农业》（1964）一书中强调，发展中国家经济增长取决于农业的快速稳定增长，但传统农业并不能对经济增长做出贡献，只有现代农业才具备这种潜力。而改造传统农业的关键在于引进现代农业生产要素——技术变化，使其作为经济增长的源泉。在引进新生产要素时，要重视制度、供给和需求以及人力资本投资的作用。速水佑次郎和弗农·拉坦（2000）则指出，由于国家间要素禀赋的差异，不同国家应选择不同的现代农业发展道路。其中，土地丰裕的北美走的是劳动节约型现代农业道路，土地稀缺的日本走的是土地节约型现代农业道路，而西欧走的是综合型发展道路。由此可看出，发展现代农业需要注入新的要素，并且不同国家的现代农业发展道路是具有差异的。

近年来，关于现代农业的概念，国内学者从不同角度进行了研究，较有代表性的观点有：梁伟军（2010）基于产业融合理论视角，提出现代农业是市场化农业，其发展具有产业融合特征，表现为：农业与非农产业纵向、横向融合发展，最终形成纵向上趋于延长与横向上趋于拓宽的块状农业产业链。张海鹏和曲婷婷（2012）指出，现代农业是在城市化、信息化和市场化等背景下，力求实现农业生产过程中社会化与产业化、合作化与规模化及科技化与环保化结合，以及实现农产品流通过程的货币化与市场化。毛飞和孔祥智（2012）则强调现代农业是一个相对的、动态的历史性概念，是农业发展的高级阶段，其特征是运用现代高新科技、先进的生产设施、现代化的经营管理手段，实现农业生产规模化和集约化，提高农业生产效率，推动农业可持续发展，并改善城乡关系（靳淑平，2014）。邓秀新（2014）认为，现代农业是指广泛运用现代科技、现代工业供给的生产要素和现代科学管理方式进行社会化生产的一种新型农业形态，具有生产公益性、功能多样性和环节可延伸性等三大特征。陆益龙（2016）从政治经济学原理角度指出，现代农业具有两个根本方面：生产力和生产方式。其发展不仅需要高技能人力资本，还需要良好的生产条件和经营制度环境与之相适应（黄宗晔和游宇，2018）。并且，在现代农业发展中，还需坚持保证家庭经营基础地位、多元经营方式共同发展和市场经济的行为导向等原则（张红宇，2018）。

上述学者主要从产业融合、农业生产手段、组织管理方式以及农业生产要素等不同层面阐述了现代农业的内涵，为本研究提供了重要借鉴。本研究是基于小农户作为我国农业生产主要组织形式的背景对现代农业进行考察，现代农业是指以市场化为导向，利用现代科学技术和先进管理方法进行生产的社会化、专业化、商品化和产业化的农业，其特征主要表现为：（ⅰ）强调现代生产要素的投入，实现农业生产良种化、科技化、机械化和信息化等；（ⅱ）具有一定的组织形式和经营规模；（ⅲ）农业生产过程中具有一整套高效、便捷的社会化服务；（ⅳ）重视农业生产过程中耕地保护和粮食安全问题、新型农业服务主体和小农户之间的利益分配关系以及小农户组织化能力建设等。

1.4　研究意义

在"大国小农"国情下，小农户家庭经营是我国现代农业发展的必然选择。尽管小农户和现代农业衔接还面临一系列矛盾，但二者之间所内含的相容性构成了衔接的现实基础。当前，小农户家庭经营和新型农业服务主体农业社会化服务相结合的组织模式，是实现小农户和现代农业衔接的有益探索，因而全面、系统地研究小农户和现代农业衔接的服务组织模式具有十分重要的理论和实践意义。

（1）理论意义

本研究是在产业组织理论"结构—行为—绩效"SCP 分析范式的基础上，从农业产业组织视角对现有产业组织理论 SCP 分析范式进行有力补充。"结构—行为—绩效"的分析范式在产业组织理论中有着非常重要的地位，因而将其引入农业产业组织的经济学分析中具有重要的意义。然而，农业内在属性特征使得农业经营主体的生产经营行为与一般企业的市场行为存在明显差异，如果完全借用 SCP 理论范式，必然降低其适用性。为此，本研究在 SCP 理论范式的基础上，构建了一个"制度特征—实现机制—运行绩效"的分析框架，将其应用于农业产业组织分析，目的在于说明，一种服务组织模式的运行绩效，既受制于组织内部的制度安排，也依赖于制度逻辑下的实现机制。因此，本研究可在一定程度上丰富和扩展产业组织理论的研究视野，同时为促进小农户和现代农业衔接提供新的理论借鉴。此外，本研究还深刻地揭示了小农户和现代农业衔接的内在逻辑，并基于小农户组织化和服务规模化两大维度对小农户和现代农业有效衔接进行了理论设计，可为政府部门出台以小农户为主体的现代农业发展政策提供理论支撑和科学依据。

(2) 实践意义

如何有效地促进小农户和现代农业衔接是当前政府部门和学者们共同关注的重点和热点问题。本研究以小农户和现代农业衔接的服务组织模式为命题，提出了实现二者有效衔接的路径。因而，本研究对于实现小农户和现代农业衔接具有重要的现实意义。具体表现为：首先，本研究通过对小农户和现代农业衔接的现状特征进行描述性分析，揭示了小农户和现代农业衔接存在的主要问题，可为政府部门今后采取相关政策措施促进小农户和现代农业衔接提供重点和引导方向。同时，基于课题组实地调查获取的微观数据，运用统计分析和计量分析方法，系统分析了不同服务组织模式对国家政策目标和小农户福利目标的影响，并测算了不同服务组织模式下小农户粮食生产的技术效率及影响效率的主要因素，有助于政府部门有针对性地为不同服务组织模式的发展创造良好的政策环境、制度供给以及做好相关的顶层设计，从而提高各类服务组织的服务能力和服务效率。这对于保护耕地质量、保障国家粮食安全、维护小农户经济收益、提高小农户服务满意度以及加速农业现代化进程等具有十分重要的实践意义。

1.5 研究内容和研究思路

1.5.1 研究内容

本书研究内容共分为 8 章，具体章节内容安排如下：

第 1 章为绪论。主要阐述本书的研究背景、提出问题以及界定小农户和现代农业的内涵与特征，说明本书的研究意义、研究内容和研究思路、研究方法和数据说明，并总结本书的创新点与研究不足。

第 2 章为理论基础和文献综述。介绍本书研究的理论基础，主要包括传统农业改造理论、可行能力理论、劳动分工理论和产业组织理论。同时，围绕小农户类型的研究、小农户和现代农业衔接的现实问题、小农户和现代农业衔接的模式类型及评价，以及小农户和现代农业衔接模式选择的影响因素等方面对现有小农户和现代农业衔接的相关研究成果进行综述，以明确本书的研究方向。

第 3 章为小农户和现代农业衔接的现实考察。基于统计性描述分析，刻画我国小农户和现代农业衔接的现状、现实基础以及服务组织类型，为探讨小农户和现代农业衔接的服务组织模式提供切入点。

第 4 章从理论视角对小农户和现代农业衔接的服务组织模式进行刻画。首先，对我国小农户和现代农业衔接的服务组织模式进行划分。然后，围绕国家政策目标和小农户福利目标建立小农户和现代农业衔接的服务组织模式绩效评价基准。在此基础上，借鉴产业组织理论"结构—行为—绩效"SCP 分析范式，构建"制度特征—实现机制—运行绩效"理论分析框架，对小农户和现代农业衔接的服务组织模式的内在机理进行理论阐释，并提出三种服务组织模式绩效的理论假说。

第 5 章为理论假说的实证检验。基于安徽和山东粮食主产区 1 152 户小农户的实地调查数据与资料，选取倾向得分匹配（Propensity Score Matching，简写为 PSM）方法、Ordered Probit 模型以及模糊综合评价法，从宏观层面的国家政策目标和微观层面的小农户福利目标对小农户和现代农业衔接的三种不同服务组织模式的绩效进行实证研究和综合评价。

第 6 章从效率视角出发，考察不同服务组织模式对小农户农业生产技术效率的影响。具体以实地调查获取的一手数据为基础，运用超越对数随机前沿生产函数模型，测算不同服务组织模式下小农户农业生产的技术效率以及各生产要素的投入产出弹性，并进一步分析影响其技术效率的主要因素。

第 7 章以调研案例为基础进一步深入分析三种服务组织模式的实践经验及其存在的约束性难题，并揭示小农户和现代农业衔接的内在逻辑，进而对小农户和现代农业有效衔接进行理论设计。

第 8 章为研究结论与政策建议。系统归纳和总结全书主要研究结论，并提出相应的政策建议。

1.5.2 研究思路

由于我国资源禀赋的刚性约束、发展阶段的现实掣肘和保障粮食安全的多重挑战，以土地流转为导向来推进农业现代化面临着较多的障碍，因而如何实现小农户和现代农业衔接引起了学术界和各级政府的重视。在小农户家庭承包经营制度条件下，通过新型农业服务主体提供农业社会化服务实现小农户生产经营现代化，已成为政策和实践层面探索小农户和现代农业衔接模式创新的重要举措。

基于这一背景，本书围绕小农户和现代农业衔接的服务组织模式来立题。在明晰小农户、现代农业的概念，以及梳理相关理论的基础上，通过考察小农户和现代农业衔接的现状、现实基础以及服务组织类型，为探讨小农户和现代农业衔接的服务组织模式提供切入点。之后，对服务组织模式类型进行界定，并建立模式评价基准，构建小农户和现代农业衔接服务组织模式的理论分析框架。以此为理论基点，立足于绩效和效率视角，对不同服务组织模式的绩效以及不同服务组织模式下小农户农业生产技术效率展开实证分析。进一步地，结合实践案例研究，从小农户组织化和服务规模化两大维度对小农户和现代农业有效衔接进行理论设计。最后，给出本书的主要研究结论与政策建议。

本书研究思路框架如图1.1所示。

1.6 研究方法和数据说明

1.6.1 研究方法

本研究综合运用了文献研究法、归纳演绎分析法、比较分析法、实地调查法、计量分析法和案例研究法等方法，对我国小农户和现代农业衔接的服务组织模式进行了深入研究。具体如下：

（1）文献研究法

本研究问题的提出和研究思路的构建是建立在对大量文献阅读、分析、归纳和总结的基础上。笔者充分利用学校图书馆、资料室、数据库和互联网等进行了大量的国内外文献检索、阅读和整理，并通过对现有研究成果的分析，发现关于小农户和现代农业衔接服务组织模式的研究成果较

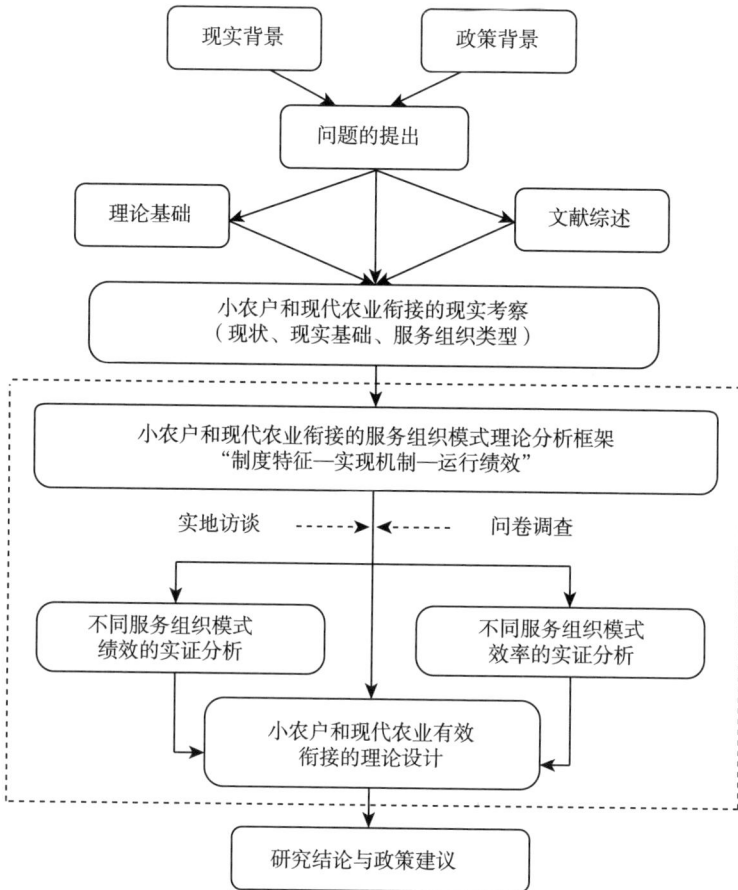

图 1.1　本书研究思路框架

为缺乏，尤其是研究内容较为分散，缺乏全面、系统的研究。故本研究是在现有成果基础上对有关问题进一步进行补充和完善。

（2）归纳演绎分析法

立足于小农户和现代农业衔接服务组织模式的"制度特征—实现机制—运行绩效"研究范式，本书系统地归纳分析不同服务组织模式的制度特征和实现机制，并基于制度特征和实现机制演绎分析不同服务组织模式的运行绩效。同时，依据劳动分工理论，从小农户组织化和服务规模化两大维度演绎分析小农户和现代农业有效衔接的内在逻辑。

（3）比较分析法

比较分析法是通过对相互关联的事物进行比较，达到科学认识事物的内在本质并做出客观评价目的的一种研究方法。本书在研究过程中十分注重比较分析法的应用，通过将小农户和现代农业衔接的服务组织模式划分为产业服务组织模式、合作服务组织模式和市场服务组织模式，基于安徽和山东粮食主产区 1 152 户小农户的实地调查数据与资料，从绩效和效率视角出发，对不同服务组织模式的运行绩效和不同服务组织模式下小农户的技术效率进行比较分析。

（4）实地调查法

实地调查法是发现客观事实、获取一手资料以及探讨社会现象的一种研究方法。在本书研究过程中，基于研究问题事先设计好调查问卷，然后选取样本村进行实地调研。问卷内容具体涉及小农户户主基本情况、家庭基本情况、农业生产经营基本信息、小农户参与不同服务组织情况以及小农户所在地区经济社会发展情况等各个方面。调查主要采取面对面实地访谈和问卷调查相结合的方式。

（5）计量分析法

本研究在具体计量分析中采用倾向得分匹配（Propensity Score Matching，简写为 PSM）方法、Ordered Probit 模型和模糊综合评价法，从宏观层面的国家政策目标和微观层面的小农户福利目标角度对小农户和现代农业衔接的三种不同服务组织模式的绩效进行实证研究和综合评价。同时，运用超越对数随机前沿生产函数模型，测算三种不同服务组织模式下小农户粮食生产的技术效率，并计算各投入要素的产出弹性，进一步分析影响其技术效率的主要因素。

（6）案例研究法

为进一步考察小农户和现代农业衔接服务组织模式的实践情况，本书对产业服务组织模式、合作服务组织模式和市场服务组织模式均进行了案例分析，系统剖析了三种服务组织模式的实践经验以及存在的问题。

1.6.2　数据说明

本书以小农户和现代农业衔接的服务组织模式为研究主题，鉴于目前小农户主要从事种植业，并且在种植业领域中分散经营的小农户多以粮食种植为主，因此，本书以粮食主产区为例，考察小农户和现代农业衔接的服务组织模式。这就需要了解粮食主产区小农户参与不同服务组织的生产经营情况以及小农户对服务组织提供服务的满意程度。同时，为了对比不同服务组织模式下的小农户和未参与小农户生产经营情况的差异，还需要了解未参与小农户的生产经营情况。这些数据既有反映客观事实的数据指标，也有反映主观感受的价值判断。因此，本书的数据主要来自课题组对粮食主产区的实地调查，同时还参考了各种统计年鉴、相关网站以及其他文献资料中的数据。

（1）实地调查数据

本书调查对象主要涉及不同服务组织模式下的小农户和未参与小农户等主体。问卷内容设置采取以下步骤：首先课题组成员根据各自感兴趣的问题拟出相关研究问题，然后大家研讨各自研究问题的必要性，最后经综合考虑，对相关问题进行取舍制定关于小农户的调查问卷。问卷内容主要包括小农户户主基本情况、家庭基本情况、粮食生产经营基本信息、小农户参与不同服务组织情况、小农户对服务组织提供服务的满意程度以及小农户所在地区经济社会发展情况等。

为获取真实有效的样本数据，在开始正式调查之前，课题组相关负责老师对全体调查员进行了为期一天的调查培训，针对此次调查目的、调查对象、询问技巧、记录要求以及调查注意事项等作了详细说明，并对问卷内容逐一进行了解释。培训期间，负责老师针对调查员提出的疑问一一解答，以确保每位调查员能够深刻理解此次调查的目的和意义。同时，为了确保调查效果，要求调查过程中每位调查员就当天调查活动中发现的问题在晚上休息期间进行相互讨论和交流，并予以记录。此次数据获取分为两个阶段：预调查阶段和正式调查阶段。课题组于 2018 年 5 月在安徽省埇桥区进行了预调查，目的是对问卷进行测试以检验问卷设计的有效性，在此基础上对问卷不足之处进一步完善，以保证问卷的合理性，形成最终调查问卷。正式调查采用实地访谈和问卷调查相结合的方式，调查范围综合考虑了区域经济发展水平、粮食生产经营情况、农业资源禀赋以及小农户参与不同服务组织情况等因素，选取安徽和山东两个粮食大省作为样本省。安徽省和山东省地处华北平原，是全国粮食生产大省和农村人口大省。2017 年，安徽省粮食总产量达到 3 476 万吨，处于全国第八位，乡村人口约占总人口的 46.5%；山东省粮食总产量为 4 723.2 万吨，处于全国第三位，乡村人口约占总人口的 49.1%。同时，安徽和山东两省的地貌条件、市场化程度存在一定的差异性，农业社会化服务供求呈现出多样化特点。山东省为东部沿海省份，其地理位置相对优越，经济市场化程度较高，农业服务组织形式多样且具有典型性；安徽省地处内陆，平原、丘陵和山地各占 1/3，劳务输出较多，经济发展水平虽较为落后，但农业社会化服务发展迅速。因此，以各具代表性的安徽和山东粮食主产区为例研究小农户和现代农业衔接的服务组织模式问题，具有一定的理论意义和实践价值。

课题组本次调查运用分层随机抽样方法，对参与不同服务组织的小农户和未参与小农户进行随机抽样调查。调查过程中由调查员按照问卷内容对调查对象进行面对面、一对一调查，以防止调查对象对问题的误解，最后由调查员根据调查对象的回答如实填写问卷。为了保证问卷的数量和质量，本次课题组参与人员包括正在研究小农户和现代农业衔接问题的老师、博士生和硕士生等，共计 28 人。本次调查在 2018 年 5—11 月展开，共涉及安徽省六安市、宿州市、合肥市、滁州市、淮南市的 35 个乡（镇）80 个村的 928 户小农户，其中参与不同服务组织的小农户有 686 户、未参与小农户有 242 户，有效问卷分别为 610 份和 213 份。山东省包括潍坊市、菏泽市和德州市的 21 个乡（镇）45 个村的 369 户小农户，其中参与不同服务组织的小农户有 220 户、未参与小农户有 149 户，有效问卷分别为 202 份和 127 份。

本研究中的样本小农户所处省份分布情况以及数量分布情况见表1.1。统计数据显示，安徽和山东两省参与不同服务组织的小农户和未参与小农户数量总计分别为 812 户和 340 户，各占总样本量的 70.49％ 和29.51％。在参与不同服务组织的小农户中，产业服务组织模式下安徽和山东两省小农户数占全部参与服务组织的小农户数的比例分别为 22.29％

表 1.1　样本地域分布情况

单位：户

省份	未参与小农户	参与小农户		
		产业服务组织模式	合作服务组织模式	市场服务组织模式
安徽	213	181	201	228
山东	127	40	75	87
总计	340	221	276	315

和 4.93%；合作服务组织模式下安徽和山东两省小农户数占全部参与服务组织的小农户数的比例分别为 24.75% 和 9.24%；市场服务组织模式下安徽和山东两省小农户数占全部参与服务组织的小农户数的比例分别为 28.08% 和 10.71%。

（2）其他数据

本书所用的其他数据来源主要包括《中国统计年鉴》《中国农村统计年鉴》《安徽统计年鉴》《山东统计年鉴》以及中华人民共和国农业农村部网站、中国社会科学网站、中国经济网站、全国农业普查主要数据公报（第二号、第五号）、全国农村固定观察点农户调查和其他文献资料等。

1.7　研究创新点和不足

1.7.1　研究创新点

本书创新之处表现在以下方面：

第一，通过构建"制度特征—实现机制—运行绩效"理论分析框架，揭示了小农户和现代农业衔接的服务组织模式的内在机理。

已有研究多是针对小农户和现代农业衔接存在的问题以及某一种模式进行分析，缺少对小农户和现代农业衔接不同服务组织模式的系统研究，尤其理论机制未得到深入阐释。本书以促进小农户和现代农业衔接为出发点，基于"制度特征—实现机制—运行绩效"理论分析框架，系统地揭示了小农户和现代农业衔接服务组织模式的内在机理，并将其作为不同服务组织模式绩效和效率分析的理论基点。

第二，基于绩效和效率双重维度，提出了小农户和现代农业衔接服务组织模式的评价方法。

本书从宏观层面的国家政策目标和微观层面的小农户福利目标角度出发，建立了小农户和现代农业衔接的服务组织模式绩效评价基准，实证研究了不同服务组织模式的运行绩效。进一步地，对小农户粮食生产技术效率及各要素产出弹性进行了测度分析，并阐释了影响不同服务组织模式下小农户技术效率的主要因素及其作用机制。已有研究多从单一维度进行评价，本书提出的以绩效和效率为基础的双重维度评价方法更具科学性、合理性。

第三，在破解小农户组织化和服务规模化两大约束性难题的基础上，从理论层面对小农户和现代农业有效衔接的路径进行了设计。

本书围绕小农户组织化和服务规模化两大视角，对小农户和现代农业有效衔接进行了理论设计。其内涵是：实现小农户和现代农业有效衔接的内在逻辑表现为关系网、利益网和互联网三者的结合，即体现为社会逻辑和技术逻辑的结合。社会逻辑和技术逻辑相结合，有助于实现小农户组织化和服务规模化，从而扩大服务市场交易圈、促进农业分工的深化，为小农户融入现代农业发展进程提供有效路径。

1.7.2　研究不足

其一，受时间、精力等各种因素的制约，本书的调查样本仅涉及安徽和山东两个粮食生产大省。虽然安徽和山东粮食主产区小农户生产经营情况在一定程度上能够代表其他粮食主产区小农户生产经营情况，但由于我国地域辽阔、各地区资源禀赋各异，粮食主产区各省份小农户生产经营情况难免存在一些差异，这将会影响本书研究结论的适用范围。因此，在后续研究中可进一步扩大研究地域范围。

其二，关于小农户福利目标中服务满意度的考察，本书仅从总体层面讨论了不同服务组织模式下的小农户对服务满意度的评价，尚未探究小农户对不同类型服务（比如机耕服务、病虫害防治服务、机收服务）的满意度。同时，关于粮食安全指标的衡量，因相关数据限制，本书只从粮食数量层面进行了探讨，而未从粮食质量层面进行研究。因此，在未来的研究中应对不同类型的农业社会化服务进一步细分以及尽可能地获取表征粮食质量指标的数据。

其三，本研究只关注了粮食主产区种粮小农户和现代农业衔接的服务组织模式，而未考虑种植经济作物的小农户和现代农业衔接的服务组织模式。另外，样本数据时间跨度只有一年，难以反映不同服务组织模式对国家政策目标和小农户福利目标影响的动态变化特征。因此，在后续研究中应增加对种植不同作物的小农户和现代农业衔接的研究以及尽可能地获取足够长时间的数据。

第 2 章 理论基础和文献综述

小农户家庭经营和现代农业发展一直是学术界关注的重点问题，大量学者对此进行了研究，已取得丰富的研究成果。本章将通过对相关研究成果的梳理与分析，为本书小农户和现代农业衔接的服务组织模式研究提供理论基础和研究依据。本章结构安排如下：第一部分为理论基础，介绍本研究相关理论，包括改造传统农业理论、可行能力理论、劳动分工理论和产业组织理论等；第二部分为文献综述，主要围绕小农户类型的研究、小农户和现代农业衔接的现实问题、小农户和现代农业衔接的模式类型及评价、小农户和现代农业衔接模式选择的影响因素等方面研究成果进行概括，并对现有研究进行评述，指出其不足和可改进的地方，为本书研究提供方向和依据。

2.1 理论基础

2.1.1 改造传统农业理论

(1) 组织与生产学派：合作化论

组织与生产学派产生于 20 世纪 20 年代末期，俄国著名农业经济学家恰亚诺夫（A. V. Chayanov）是杰出代表人物，代表作是《农民经济组织》（1925）。该学派的研究侧重于对农业经济结构、家庭农场生产组织特征等问题的分析，其理论基础包括边际主义的劳动—消费均衡论与家庭生命周期理论（翁贞林，2008）。恰亚诺夫认为，古典经济学、现代国民经济理论都是基于资本主义经济来研究经济现象，都是以工资劳动及追求最大利润为原则。而农业生产领域并不是以资本主义生产方式为基础，其自身有特殊的经济活动动因。小农主要依靠家庭成员从事生产，不使用雇工，即便偶尔少量使用雇工也并非为了获取利润，并且小农家庭生产并非是以利益最大化为目标，而是以满足家庭内部消费需求为目标。这是小农家庭经营不同于资本主义农场经营的两个主要方面。由于小农家庭依靠自身劳动力完成农业生产经营活动，不存在资本主义农场的工资问题。在资本主义社会，企业经营的有利性是以获得净利润为标准，而小农家庭经济活动的有利性则以满足家庭消费需求为标准。随着交换经济的发展，小农家庭开始关心获取最大的劳动报酬，经济活动的有利性取决于家庭需求满足程度和劳动报酬之间的考量，而家庭的最优选择直接取决于自身的消费满足和劳动辛苦程度之间的均衡（林本喜，2010），这被恰亚诺夫称为家庭单位的劳动—消费均衡公式。对于小农而言，只要家庭消费需求未能得到满足，就会投入劳动力，无论此时劳动报酬的边际收益是否低于市场工资（翁贞林，2008）。小农经济的发展方式有其特殊性，小农分化是源于家庭周期性的劳动者和消费者比例的变化，而非商品化导致。因此，俄国小农经济的改造并不是在集体和市场这两种道路中选择其一，而是发展小农自愿的小型合作化模式（林本喜，2010）。

所谓小型合作化道路，即小农在合作的基础上实施一体化经营。恰亚诺夫指出，"我们寄希望于农民劳动农场通过合作组织形式……维护自己的地位，就如它从前所做的一样"（恰亚诺夫，1996）。他认为，改造传统农业需将合作制和一体化经营结合起来，只有建立在合作基础上的一体化才是小农生产的真正出路。农民农场一体化的主要形式是纵向一体化，并且只有采用合作制形式才能和农业生产有机结合，合作集体化道路是现有条件下将大农场成分、工业化及国家计划纳入农民经济活动的唯一有效途径。这意味着需要将一些部门从单个农场中分离出来，然后采用社会化大企业方式将其组织起来（恰亚诺夫，1996）。综上，恰亚诺夫对小农经济的改造可归纳为：小农在合作的基础上不断走向纵向一体化经营，生产的某些环节也将走向规模化、企业化、工业化。同时，小农通过纵向一体化经营同国家相连接并引入国家的计划体系。因此，通过合作化将小农组织起来，然后通过纵向一体化促进农业生产各个环节的专业化、规模化，从而实现对小农经济的改造，最终避免资本主义的一体化及两极分化（邓大才，2013）。

组织与生产学派虽然主要以俄国革命前的传统农业为研究对象，但对于当前我国传统农业改造仍具有重要的理论价值。恰亚诺夫强调通过合作制形式来改变分散小农户的弱点和不足，以及通过农业生产某些环节的纵向一体化来提高小农户农业生产效率。这一理论对于我国小农户发展现代农业具有一定的借鉴性和适用性。考虑到我国小农户农业生产的实际情况，小农户之间的合作和组织有助于降低其农业生产成本和维护其经济权益，是实现小农户和现代农业衔接的必要条件。以农业生产资料交易为例（图 2.1）。假设需求方的小农户进行分散交易，不具有完全市场信息，而农业生产资料的供给方拥有完全市场信息，且在市场交易中具有垄断地位。MC 和 MR 分别为农业生产资料供给方的边际成本曲线和边际收益曲线，D 为小农户的需求曲线。当双方谈判地位均等（完全竞争）时，均衡点为 E_0，对应的均衡价格和成交量分别为 P_0、Q_0。此时，小农户和供给方的剩余分别为 $\triangle P_0 E_0 A$、$\triangle P_0 E_0 B$。但当供给方处于垄断地位时，均衡价格和成交量分别为 P_1、Q_1。此时，小农户的剩余为 $\triangle P_1 E_1 A$，供给方剩余为梯形 $BCE_1 P_1$。相比均衡点 E_0，在双方谈判力量悬殊的情况下，小农户的经济收益损失了梯形 $P_0 E_0 E_1 P_1 = \triangle P_0 E_0 A - \triangle P_1 E_1 A$ 的面积。因此，通过将小农户组织起来，借助组织的力量提升其市场谈判能力，使均衡点回到 E_0 的位置，有利于维护小农户的经济收益。

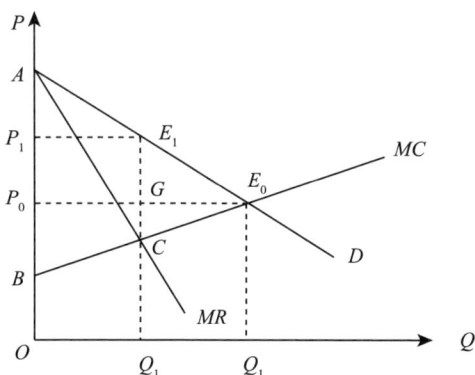

图 2.1 垄断市场上农业生产资料交易

(2) 理性小农学派：人力资本论

理性小农学派的代表人物是美国著名经济学家西奥多·W. 舒尔茨（Theodore W. Schultz），代表作是《改造传统农业》（1964）。舒尔茨认为，传统农业是一种特殊类型的经济均衡状态，应当从传统农业特征角度研究小农行为。小农行为遵循西方经济学关于理性人的假设，传统社会的农户和资本主义社会的农场主一样，都是以获取最大化利润为目标。他根据危地马拉帕那加撒尔及印度塞纳普尔两个典型地区的调查资料证明了传统农业中的农民是理性的，并且这些农民使生产要素配置达到了最优。同时，根据印度 1918—1919 年的流行性感冒引发农业劳动力减少导致农业生产下降的事实验证了小农经济是"贫穷而有效率"的（西奥多·W. 舒尔茨，2016）。Bardhan 和 Udry（1999）构建的标准农户模型对此有较为明晰的阐释。在标准农户模型中，假设一个农户家庭有两名成员，每个成员都是以自身的消费（c_1，c_2）、闲暇（l_1，l_2）来获取效用。假设产品价格为 p，成员劳动力价格为（w_1、w_2），雇佣劳动力价格为 w_3（马志雄和丁士军，2013）。该农户的生产函数为 $F(L,A)$，其中，农业生产所用劳动力为 L，种植面积为 A。并且，设农户土地禀赋是 E^A，第 i 个成员的时间禀赋为 E_i^l，单位土地租赁价格是 r。那么，农户的效用最大化问题为：

$$\text{Max}U(c_1,c_2,l_1,l_2) \tag{2.1}$$

约束条件为：

$$p(c_1+c_2)+w_3L^h+rA^h \leqslant F(L,A)+w_1L_1^m+w_2L_2^m+rA^m \tag{2.2}$$

$$L = L_1^f+L_2^f+L^h \tag{2.3}$$

$$A = A^f+A^h \tag{2.4}$$

$$E^A = A^f+A^m \tag{2.5}$$

$$E_1^l = L_1^f+L_1^m+l_1 \tag{2.6}$$

$$E_2^l = L_2^f+L_2^m+l_1 \tag{2.7}$$

$$c_i,l_i,L_i^f,L_i^m,A^f,A^m \geqslant 0; i \in \{1,2\} \tag{2.8}$$

其中，（2.1）式表示农户效用最大化的决策；（2.2）式表示农户面临的预算约束，$p(c_1+c_2)$ 为消费支出、w_3L^h 为雇佣劳动支出、rA^h 为租入土地支出，$F(L,A)$ 为农业收入、$w_1L_1^m+w_2L_2^m$ 为劳务输出收入、rA^m 为租出土地收入；（2.3）式表示农业生产所用劳动力 L 等于自有劳动力（L_1^f+

L_2^f）和雇佣劳动力（L^h）之和；（2.4）式表示农业生产所用土地（A）等于自有土地（A^f）和租入土地（A^h）之和；（2.5）式表示农户土地禀赋（E^A）等于自有土地（A^f）和租出土地（A^m）之和；（2.6）式、（2.7）式分别表示农户两名成员的时间禀赋等于农业劳动、劳务输出和闲暇之和。

把（2.3）式～（2.7）式分别代入（2.2）式，得到：

$$p(c_1 + c_2) + w_1 l_1 + w_2 l_2 \leqslant [F(L,A) - w_1 L_1^f - w_2 L_2^f - w_3 L^h - rA] + (w_1 E_1^L + w_2 E_2^L) + rE^A \qquad (2.9)$$

（2.9）式表示农户家庭消费支出不高于其农业生产利润和家庭禀赋价值之和。（2.9）式简化为：

$$p(c_1 + c_2) + w_1 l_1 + w_2 l_2 \leqslant \pi + (w_1 E_1^L + w_2 E_2^L) + rE^A \qquad (2.10)$$

$$\pi = F(L,A) - w_1 L_1^f - w_2 L_2^f - w_3 L^h - rA \qquad (2.11)$$

当农户效用函数存在局部非饱和特点，则（2.10）式可在农户效用最大化解中取等式，且农户效用函数的最大值与 π 呈正相关。因而，农户效用最大化决策可划为两个阶段。第一阶段中农户进行农业生产决策（利润最大化目标），即：

$$\pi^*(L,A) = \mathrm{Max} F(L,A) - w_1 L_1^f - w_2 L_2^f - w_3 L^h - rA \qquad (2.12)$$

第二阶段中农户根据所面临的预算约束和自身偏好，通过选择消费与闲暇组合来实现效用最大化目标。

按照上述分析，农民的行为是理性的，传统农业增长的停滞并非由农民自身努力不够及市场经济的竞争不足导致（翁贞林，2008）。舒尔茨根据收入流价格理论说明了传统农业停滞的原因。他认为，传统农业的资本收益率低下才是农业经济难以持续增长的原因，由于收入流来源的价格很高，即使增加储蓄和投资，也不能改变长期停滞的均衡状态，因而需要寻找新的现代农业生产要素来破除这一困局。

关于通过引入新的生产要素来改造传统农业，舒尔茨将其归纳为以下三点：（ⅰ）创建一套制度体系。他认为，制度的相应改变是经济增长的必要条件之一。（ⅱ）从供给和需求两个层面为引入新的生产要素创造条件。从供给来看，新的生产要素需要国家投资，国家必须充当供给者研究出适合该国条件的新生产要素。从需求来看，新生产要素供给出来，要使农民愿意接受、采纳并使用这些新生产要素，就必须使农民真正有利可图。新农业要素的价格和产量、地主与农民之间的利益分配制度都是解决这一问题的关键，同时还对农民使用这些新要素提出了较高的要求。（ⅲ）引入新的生产要素关键是要对农民进行人力资本投资。农民要有接受新生产要素的意愿，更要有接受的能力，获得这种能力需要一定的投入，投入的成本就是人力资本投资。对农民进行人力资本投资，主要通过职业培训、正规教育等手段，使其获得一定的新知识和新技能，从而实现农业经济增长（西奥多·W. 舒尔茨，2016）。因此，人力资本投资是改造传统农业的核心，并且人力资本积累是一个长期过程，这就决定了推动传统农业转型是一个长期过程。

舒尔茨借助古典经济学完全竞争假设，依据东南亚的小农案例，先验性地提出小农理性行为概念，开启了对农户行为研究的理性视角。在我国小农户的行为选择中，实现利润最大化通常也是其追求的最终目标，这充分体现出"农户理性"的特点。同时，舒尔茨认为改造传统农业需要从农民自身能力着手，通过对农民进行人力资本投资来提高其接受现代生产要素的能力。现阶段，我国小农户的文化素质和生产能力仍无法应对全球化、市场化带来的风险和不确定性问题。因此，舒尔茨的人力资本理论对提高我国小农户的文化素质和生产能力以及实现小农户和现代农业衔接有着重要的理论参考价值。

（3）历史学派：纵向一体化论

历史学派的代表人物是美国著名历史社会学家黄宗智（Philip C. C. Huang），其代表作是《华北的小农经济与社会变迁》（1985）、《长江三角洲的小农家庭与乡村发展》（1990）。20 世纪 30 年代至 70 年代，在对中国小农经济进行大量调查分析的基础上，他指出中国农民并非如西方学者所描述的那样，既不是精于生计的生产者，也非追求利润最大化者。中国农民的经济行为不仅受到"家庭劳动结构"的制约，而且受到"市场经济"的影响。因此，单纯用上述某一种理论来解释中国农民的经济行为是行不通的。他认为中国农民家庭在边际报酬极其低下的情况下仍会投入劳动有四个方面的原因：（ⅰ）对于农民而言，全年的劳动力投入与收益是一个整体，故不存在相对边际劳动投入的边际报酬概念；（ⅱ）耕地不足带来的生存压力会导致农民劳动投入达到极高的水平，以致其边际产品趋向于零；（ⅲ）其他就业机会的稀缺会导致农民家庭劳动力近乎没有机会成本，以致将剩余劳动力投入报酬极低的部门工作是理性的选择；（ⅳ）即使没有人口压力，农民为了家庭生存，仍会在报酬低于市场工资时进行工作（林本喜，2010）。

在改造传统农业方面，他主要探讨的是中国小农经济应如何摆脱"过密化"走向现代化。通过分析新中国成立以前的农业发展情况，他提出中国农业处于"没有发展的增长"与"过密型的商品化"中（翁贞林，2008），并以长江三角洲为例，认为 20 世纪 80 年代中国农村的改革是一场反过密化改造，这场改造不是关于个体农业生产，而是涉及乡村工业与副业的发展，目标是减少农业生产中的劳动力数。同时，他通过对华北平原、长江三角洲实例的分析，得出中国农业处于"没有发展的增长"中的结论（黄宗智，2000）。进一步地，他分析了改革开放以来中国农业发展的情况，指出当前中国小农经济受"资本—劳动双密集化""范围经济"以及"小规模生产"等因素影响较大，但是这三种因素均无法充分解释小农去过密化过程。他认为，中国小农生产应当采取纵向一体化形式。根据各地的具体实践，他将"纵向一体化"总结为以下几种类型：龙头企业型、自发的合作组织型、专业市场型、其他组织（比如农村经纪人）带动型。针对以上组织类型，他更倾向于自发的合作组织实施纵向一体化。通过上述研究，黄宗智对传统农业的改造可以概括为以下几点：（ⅰ）无论现在还是将来，中国农业都主要是规模较小的资本—劳动双密集型农业，即在家庭经营过程中较为密集地使用资本和劳动；（ⅱ）农业生产的纵向一体化主要依靠规模较小的"菜—果"种植及"兽—禽—鱼"养殖，即依靠劳动密集型的经济作物和养殖业；（ⅲ）新时代中国农业组织形式将主要是小农和农场（邓大才，2013）。

历史学派的纵向一体化论重点强调农民自发合作组织的重要性，侧重于通过纵向一体化来增强小农户应对市场风险的能力。虽然该理论主要产生于我国改革开放前的社会实践，但对当今小农户发展现代农业仍有一定的适应性和参考价值。通过组织形式的调整来聚合小农户分散的合作需求，在自发合作基础上实施纵向一体化，这在一定程度上有助于促进农业规模化经营和生产专业化分工。因此，历史学派的纵向一体化论对于分析如何实现小农户和现代农业衔接具有重要的借鉴意义。

2.1.2　可行能力理论

关于福利经济学理论，经济学家庇古（Arthur Cecil Pigou）做了开创性研究，第一次将福利经济学看成一门单独的学科。尽管关于福利的内涵及边界，学术界一直有着不同的认识和理解，但是福利包括经济福利和非经济福利已是共识。近年来，阿玛蒂亚·森（Amartya Sen）提出的可行能力理论引起了学术界广泛的关注，并推动福利经济学理论发展进入了一个新的阶段（苑鹏，2013）。阿玛蒂亚·森认为一个人的可行能力指的是这个人能够实现的多种可能的功能性活动组合。可行能力理论下福利分析的核心是功能（Functions）和能力（Capabilities）。其中，功能指功能性活动，反映的是一个人已获得的成就，如较高的收入水平、舒畅的感受；能力指实现功能性活动所具备的能力，反映的是一个人所具有的机会与选择的自由，如社交能力强、工作出众（阿玛蒂亚·森，2013）。可见，功能表示的是已获取的福利，在可行能力代表的是潜在的福利水平。在可行能力理论中，阿玛蒂亚·森指出一个人的福利状况与生活内容密切相关，福利一方面体现为一个人生活中的状态，另一方面表现为一个人获取有意义生活的能力。由此表明，在可行能力理论下评价一个人的福利状况可以是他已获得的功能性活动，也可以是他拥有的可行能力集。但是，因能力涵盖诸多因素且通常无法直接观测，所以考察一个人的福利状况首先应关注其已实现的功能性活动（J. A. Richard，2017），在研究中一般分析福利和已实现的功能性活动之间的关系。进一步地，高进云等（2007）采用图形的方式简要概括了可行能力理论分析框架（图 2.2）。

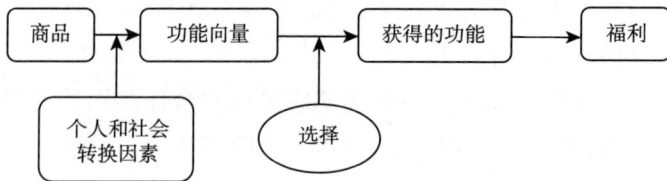

图 2.2　可行能力分析框架

提高小农户福利水平是小农户和现代农业衔接的核心目标之一。阿玛蒂亚·森提出的可行能力理论为研究不同服务组织模式对小农户福利水平的影响提供了重要的理论基础。近年来，我国政府出台了一系列文件，强调完善农业社会化服务体系建设，实现小农户和现代农业发展有机衔接。而发展社会化服务的目的在于为分散的小农户提供各类农业生产服务，其落脚点则在于改善并提高小农户的福利水平。为此，本研究在考察不同服务组织模式下小农户福利水平效应时，将重点以可行能力理论作为小农户福利目标分析的基础和依据。

2.1.3　劳动分工理论

亚当·斯密（Adam Smith）早在 1776 年的《国民财富的性质和原因的研究》中就提出了劳动分工理论，认为分工是经济增长和劳动生产力提高的源泉，分工涵盖三个方面的重要含义：一是分工可以通过市场来协调；二是分工程度依赖于市场范围的大小；三是市场范围的大小又受制于运输条件。这被称为著名的"斯密定理"（罗必良，2017）。斯密认为，只有通过扩大市场范围，才能有效实现分工带来的利益。亦即，市场范围的拓宽有利于推动分工深化，提高资源配置效率，促进国民财富的增加。

1890 年，阿尔弗雷德·马歇尔（Alfred Marshall）在《经济学原理》一书中进一步扩展了劳动分工理论，其劳动分工理论的贡献主要体现在：将分工同组织和报酬递增三者结合在一起研究。马歇尔以企业为研究对象，从内部经济和外部经济两个方面分析了分工、组织及报酬递增三者之间的关系。他认为，任何一种因产品生产规模扩大而产生的经济可分为两种：第一种经济取决于产业整体的发展；第二种经济依赖于从事工商业的企业自身的资源、组织以及效率。他将第一种经济称为外部经济，将第二种经济称为内部经济。其中，组织分化产生的经济效应对应内部经济，一体化产生的经济效应则对应外部经济。因此，分工仅是构成报酬递增的一个方面（张日波，2012）。

1928 年，阿林·杨格（Allyn Abbott Young）在《报酬递增与经济进步》一文中发扬和拓展了"斯密定理"，在斯密劳动分工理论基础上，提出了迂回生产的概念，并认为生产迂回程度的加强是最重要的分工形式。他指出，企业的规模经济仅是在社会分工体系既定的前提下单个企业规模扩大而发生的经济节约，社会分工体系或经济网络的形成是其前提条件。内部经济扩大的仅是单个企业的规模，而不能改变既定分工网络的形成。同时，他通过对市场规模累积扩大的阐述，将分工程度与市场范围之间的单向因果关系发展成循环累积的因果关系，提出了著名的分工循环累积思想。即分工程度不但受制于市场范围，而且由分工引起的专业化生产各环节及其分工网络效应也会影响分工。由此，"分工一般地取决于分工"的观点得以形成，这被称为"杨格定理"。在杨格看来，分工可概括为三个方面的内容：个人的专业化水平、不同专业的种类数以及生产的迂回程度。而分工产生的报酬递增来源于专业化经济、分工经济及网络效应（罗必良，2017）。

从上述劳动分工理论中可以看出，发展现代农业需要推行农业生产的分工与专业化，无论是横向分工还是纵向分工均是提高农业生产效率的重要手段。横向分工表现为不同种类农作物之间的分工与农业生产布局的集中，纵向分工则是不同农业生产环节的专业化分工（陈昭玖和胡雯，2016），即农业生产不同环节的农事作业交由不同的服务组织完成，各服务组织最终通过合作的方式实现服务规模化。在现代农业发展中，鼓励小农户参与横向分工并进行连片专业化种植，使小农户分散化的服务需求聚合为组织化的服务需求，力求与规模化服务供给相匹配，以促进农业分工的深化。因此，对劳动分工理论进行梳理和研究，有助于我们更好地理解农业横向分工和纵向分工在促进小农户和现代农业衔接过程中的重要作用。

2.1.4　产业组织理论

作为微观经济学的一个分支，产业组织理论是以产业内部的市场结构、行为与绩效以及三者内在联系为研究对象，重点分析产业组织活动的内在规律，探讨产业组织对产业内部企业之间的竞争和垄断以及资源配置效率的作用和影响，从而为市场参与者和政策制定者提供理论依据。产业组织理论主要包括三个学派：哈佛学派（Harvard School）、芝加哥学派（Chicago School）和新产业组织理论（New Industrial Organization），其中哈佛学派和芝加哥学派的产业组织理论通常被称为传统产业组织理论（牛晓帆，2004）。

早期的产业组织理论由哈佛大学梅森（E. Mason）教授与其弟子贝恩（Joe. S. Bain）提出。1959年，贝恩在著作《产业组织》中首次详细论述了产业组织理论，标志着哈佛学派正式形成。哈佛学派利用实证截面分析法研究得出企业的市场结构、行为与绩效三者之间存在单向因果关系，即企业的市场结构（行业集中率）决定了企业的市场行为（投资、商品定价、广告），同时企业的市场行为又决定了企业的市场绩效（效率、创新率、利润）。这便是产业组织理论中的"结构—行为—绩效"（Structure‐Conduct‐Performance，简称 SCP）分析范式。由 SCP 分析范式可知，行业集中率高的企业更倾向于设置障碍，以谋取垄断利润，而要获得理想的市场绩效则需要政府通过政策来改善市场结构，限制市场垄断，保持市场合理竞争。哈佛学派构建的 SCP 分析范式，使得早期的产业组织理论研究有了基本的分析框架。在 SCP 框架下，市场结构的度量指标主要有：行业集中率（Concentration Ratio）、赫芬达尔指数（Herfindahl Index）、洛伦茨曲线与基尼系数（Gini Coefficient）（黄桂田，2012）。其中，行业集中率反映的是一个行业的企业规模分布情况。假设一个产业有 n 个企业，按照市场份额大小来排序，企业 1 为市场份额最大的企业，企业 2 其次，以此类推。S 代表市场份额，则有：$S_1 \geqslant S_2 \geqslant S_3 \geqslant \cdots \geqslant S_n$；$m$ 个企业的行业集中率为 m 个企业的市场份额加总：$CR_m = S_1 + S_2 + \cdots + S_m$；赫芬达尔指数（H 指数）指产业中各个企业的市场份额平方之和，表示为：$H = S_1^2 + S_1^2 + \cdots + S_n^2$；在产业组织理论中，洛伦茨曲线和基尼系数主要用来反映行业内部企业规模分布的均等情况，基尼系数的数值范围在 0 和 1 之间，其计算公式为：基尼系数 $= \dfrac{\text{对角线与洛伦茨曲线围成的面积}}{\text{对角线以下三角形的面积}} = \dfrac{A}{B}$（图 2.3）。

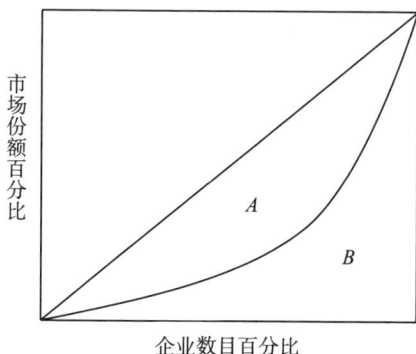

图 2.3　行业集中度的洛伦茨曲线

在图 2.3 中，纵轴为市场份额百分比，横轴为企业数目的累积百分比。若行业内全部企业规模均相同，此时洛伦茨曲线和对角线完全重合。通常而言，洛伦茨曲线越向右下角凸出，意味着市场集中程度越高；反之，表明市场集中程度越低。

20 世纪六七十年代，资本主义经济出现了严重的滞胀现象，大量学者将其归咎于哈佛学派主张的反垄断政策。到 20 世纪 70 年代后期，以斯蒂格勒（J. Stigler）等为代表的一些芝加哥学者严厉批评了哈佛学派的观点，并逐渐建立了芝加哥学派。针对哈佛学派的观点，芝加哥学派提出四个方面意见：其一，企业的市场结构、行为、绩效之间是相互影响的、关系是双向多重的而不是简单的、单向的因果关系；其二，认为垄断竞争理论中关于需求曲线的分析是有误的；其三，认为"有差别的产品"这一概念的引入，不仅混淆了"产业"和"市场"之间的界线，而且使"产业"的范围变得模糊；其四，认为垄断竞争理论不应将企业规模的扩大和企业垄断势力的提高同等看待。基于上述认识，芝加哥学派提出应该采用完全竞争理论而非垄断竞争理论来说明产业组织问题（牛晓帆，2004）。

进入 20 世纪 80 年代，随着世界经济的快速发展，产业组织理论发生了深刻变化。新的理论如博弈论、交易费用理论和合约理论等不断被引入，使产业组织理论在研究内容、研究方法和研究方向上均得到了拓展和深化。以威廉姆森（Oliver Williamson）为代表提出的新产业组织理论，认为市场机制的功能是有限的，一定程度上被企业的内部组织取代，并且运用交易费用理论来对企业规模及其内部组织进行深入分析，同时揭示了企业的内部组织同外部市场之间的关系（牛晓帆，2004）。此外，新产业组织理论还提出，作为决策主体的政府，因受有限理性和机会主义行为的影响，其政策的制定与实施需要花费相应成本。

从上述产业组织理论的演化来看，不同时期产业组织理论依据的理论基础、研究方法以及研究内容各异。对西方产业组织理论研究动态进行介绍，对于研究我国现代农业发展中农业生产经营主体的行为以及小农户和现代农业衔接服务组织模式的内在逻辑有着重要的理论指导意义。在产业组织理论中，主要强调的是产业组织中企业的结构和行为对其经济绩效具有显著的影响。事实上，农业产业组织也基本遵循这一规律，在小农户和现代农业衔接的服务组织模式中，由于不同服务组织模式具有不同的制度特征，制度特征的差异决定了其实现机制的不同，而实现机制又决定了不同服务组织模式的运行绩效。因此，产业组织理论是本研究重要的理论基础之一。

2.2　文献综述

目前，关于小农户和现代农业衔接的研究，国内外学者主要围绕小农户类型的研究、小农户和现代农业衔接的现实问题、小农户和现代农业衔接的模式类型及评价，以及小农户和现代农业衔接模式选择的影响因素等问题展开。

2.2.1　小农户类型的研究

不同类型的小农户与农业利益关系的差异会导致其在农业生产中的从业状态不同，而小农户的农业经营状态决定了其与现代农业发展之间的内在关联（郭庆海，2018）。从已有文献来看，学者们通常根据研究目的和研究角度来具体划分小农户类型。代表性的有：Gómez-Limón 和 Riesgo（2004）在对关于农业灌溉水价政策影响的研究中，将小农户划分为规模化保守型农户、商业型农户和兼业化保守型农户。邓大才（2006）基于四大小农理论，根据小农的行为和动机将小农分成生计小农、弱势小农、效用小农和理性小农，并提出社会化小农概念，认为社会化小农具有时代的特殊性。傅晨和任辉（2014）基于我国农民的制度特征，从农民收入、职业和空间三重维度，将改革后农民的基本类型划分为务农农民、兼业农民和非农农民三大类，并指出农民分化背景下分化农民的土地产权诉求存在着差异性，这种差异性导致不同类型的农民对土地的依赖性亦不同。郭庆海（2018）则从小农户从业收入角度对农户类型进行划分，其中农业收入占从业收入 90% 以上的农户称为全职农户、50%＜农业收入＜90% 的农户称为兼业 1 型农户、10%＜农业收入＜50% 的农户称为兼业 2 型农户、农业收入占从业收入 10% 以下的农户称为非农户。他认为全职农户和兼业 1 型农户与现代农业的联系最为密切。全职农户是以耕种自家承包地为主，虽然他们自身拥有丰富的务农经验，但其技术手段和物质装备落后，难以扩大土地经营规模。对于这类农户而言，他们渴望服务组织将现代农业要素嵌入其生产经营过程来提高农业生产效率。就兼业1型小农户来看，由于土地的生产功能和保障功能对其较为重要，这类农户相对更关注农业经营产出，对现代农业要素的认知度更高。郑旭媛等（2018）按照小农户禀赋约束与农业技术属性来分类，即规模户、高兼业户及低兼业户，得出不同类型的农户偏好不同的农业技术的研究结论。还有学者根据小农户的职业状况和经济状况对小农户进行分类（A. H. Akram‐Lodhi，2005），以及综合小农户的个人经济目标、家庭长远目标来划分小农户类型（C. Solano 等，2001）。

上述国内外学者从多个维度对小农户类型进行了研究，这对于理解小农户在农业经营中的行为特征、小农户发展现代农业面临的约束条件以及推进小农户和现代农业衔接具有重要的理论意义。

2.2.2　小农户和现代农业衔接的现实问题

在农业现代化进程中，分散的小农户发展现代农业仍面临着严峻的挑战和矛盾。从现有研究来看，关于小农户和现代农业衔接面临的制约因素主要集中于三个方面：小农户家庭经营的先天不足、小农户参与大市场的障碍和小农户的组织化困境。

（1）小农户家庭经营的先天不足

在我国，随着农村家庭承包经营的推行，小农户家庭经营成为农业生产的基本经营方式。然而，小农户家庭经营的先天不足制约了我国现代农业发展。

现有研究表明，我国小农户家庭经营规模小且耕地细碎化，不仅不利于农业生产要素的优化配置，而且增加了小农户的生产成本和劳动强度，并抑制了农业机械的有效利用以及农户对农业机械的投资热情（王海娟，2016），使得潜在的生产力未能转化为现实的生产力，导致其劳动生产率和成本利润率相对于大规模农户较低（李谷成等，2009）。调查显示，土地细碎化使每吨水稻生产中的劳动力成本占了68%、整地成本占了10%，造成农地面积损失达3%～10%。除了增加上述私人成本外，土地细碎化也引起农业技术采用、田间管理和病虫害防治等方面困难，从而增加了运行成本（K. Deininger et al.，2017）。并且，细碎化的土地也在小农户以及区域之间引起外部性，进而产生社会成本。因此，小农户的土地特征与农业效率之间的负向关系被认为是传统农业的典型特征（J. J. Assuncao & M. Ghatak，2003；C. Bizimana & W. L. Nieuwoudt，2004）。同时，现有大多数研究认为，农业劳动力老龄化会对现代农业发展构成挑战（C. A. Carter et al.，2012；何凌霄等，2016；C. - H. Chen et al.，2010；贺雪峰，2017；朱启臻和胡方萌，2016）。进一步地，黄季焜和靳少泽（2015）基于农户两代人（父母及其子女）当前实际就业与未来 5 年预期就业的调查研究发现，到 2020 年农业劳动力的平均年龄将达到 55～56 岁。这说明今后我国农业劳动力老龄化日趋严重。此外，我国小农户在身体机能、知识储备和专业技能等方面均存在显著劣势，通常采用粗放式的农业耕作方式。黄季焜等（2008）以转基因 Bt 抗虫棉为案例研究发现，小农户对技术信息知识的掌握程度对于棉花生产中农药使用量的影响表现出显著的负效应。在种植 Bt 抗虫棉的过程中，文化程度较低的小农户会通过追加农药的投入量来避免收入的减少。近年来，随着农村大量青壮年劳动力转移，农村人力资本弱化加剧，制约了先进技术的发展和农业生产效率的提高（苏昕和刘昊龙，2017），这对现代农业发展将产生不利的影响。

（2）小农户参与大市场的障碍

De Janvry（1991）等在研究小农户参与大市场时发现，发展中国家市场缺失现象十分普遍，尤其技术、资金、劳动力和土地等要素配置低效以及相关主体利益分配失衡等市场失灵时常发生，从而导致小农户参与大市场面临信息传递滞后、交易成本高昂和议价能力缺失等诸多现实困境（蔡荣等，2015）。主要表现为：其一，小农户的市场融入障碍。随着社会分工的日益深化、交易方式的日益复杂，分散化的小农难以克服高昂的交易成本融入大市场以分享社会化分工带来的收益，总是处于一种被剥夺的境地（李谷成和李崇光，2012），体现为市场的小农排斥性（周娟，2017）。同时，现代市场经济要求商品的供给与市场的需求相匹配，而分散化小农因市场信息不足、农业生产条件缺乏，以及无法通过精深加工和质量控制来提高农产品附加值，生产经营活动处于盲目状态，不仅降低了高额利润获取的可能性，而且伴有较高的市场风险（C. Poulton et al.，2010；S. Wiggins et al.，2010）。其二，现代市场经济中相关主体利益分配不均衡。随着现代农业发展的不断推进，小农户面临发展权利、发展机会以及分享现代农业发展成果不充分等诸多问题（韩长赋，2018）。具体来看，在金融支持中，大量小农户未能与规模经营主体同等享受充分的农村金融保险信贷服务，导致小农户在农业生产过程中经济实力弱小；在技术支撑中，当前我国农业技术主要倾向于规模经营主体的技术诉求，而漠视大量小农户的实际需求，迫使小农户沿袭传统的技术手段进行农业生产；在价值增值中，我国农产品价值链中的利益和风险分配存在不均衡特征。在农产品价值链中，小农户获取的利益与其承担的风险呈现出非对称性，小农户不仅承担着农业生产经营的市场和自然双重风险，而且处于弱势地位的小农户被挤压在价值链的最低端，往往只能获得农产品价值增值的很少部分，价值增值的绝大部分被供应链中其他主体占有（黄祖辉和梁巧，2007；税尚楠，2013）；在生产资料购买和产品销售中，小农户因自身规模的限制，难以与规模农户一样获取价格和销售方面的优惠（郭庆海，2018）。

（3）小农户的组织化困境

提高小农户组织化程度，不仅是增强分散、小规模农户讨价还价能力和市场主体地位的重要渠道（S. Sivramkrishna & A. Jyotishi，2008），还是促进小农户和现代农业发展衔接的一个必要条件。目前，我国农村基层组织体系还不健全，存在正式组织职能异化、经济组织功能不全和社会组织引导不足等问题，集中表现为小农户低组织化。在低组织化状态下，由于利益表达机制的欠缺，小农户与基层政府之间缺乏有效的缓冲，导致基层治理成本高且效果不佳（李敏等，2015；李庆召，2017）。从现实情境来看，小农户组织化面临的困境可从小农户、村社及政府三个层面来分析：就小农户层面而言，分散的小农在耕作安排和品种选择上不统一，使其难以与规模化社会化服务对接，并且分化农户的意愿难以协调，土地无法整合集中，使其组织化更加困难。就村社层面而言，由于村社干部和村民之间未形成良好的权责利平衡机制，村社组织的统筹受到限制，主要表现在经济能力不强、组织能力较弱和内生动力缺乏等方面。就政府层面而言，政府部门的推动缺乏体系，体现为：纵向层级上，各级政府的认识和重视程度未形成统一；横向部门上，各自为政使现有资源未形成合力；历时性上，"人走政息"的局面普遍存在（陈义媛，2017；孙新华，2017）。由于小农户的组织化困境直接影响到我国农业的产业化和现代化，在研究小农户组织化困境问题时，一些学者还使用调查数据对小农户组织参与程度进行实证分析。例如，乐章和许汉石（2011）基于中国 10 省市农村千户问卷调查数据，实证分析了小农户的组织化与组织参与问题。研究发现，我国小农户的组织参与比例处于非常低的水平，且不同领域组织中的小农户参与也处于失衡状态。并且，小农户组织化的主体问题、农村组织功能发挥问题、小农户经济组织参与的障碍以及小农户的组织信任问题等都构成当前小农户组织化进程中的症结。

家庭经营的先天不足、参与大市场的障碍以及组织化困境，造成了分散的小农户在现代农业发展中处于边缘和弱势地位。为克服小农户和现代农业衔接面临的上述困境，各地在实践中探索了不同模式类型以帮助小农户发展现代农业。

2.2.3　小农户和现代农业衔接的模式类型及评价

小农户和现代农业衔接的模式包含多种类型，不同类型的模式不仅会影响小农户现有的生产条件和资源禀赋，而且还会影响小农户发展现代农业的能力，最终会影响小农户的经济福利水平。当前，从国内外已有研究来看，关于小农户和现代农业衔接的典型模式，主要有四大类：龙头企业带动型模式、合作社带动型模式、农业社会化服务组织带动型模式和综合农协模式。

（1）龙头企业带动型模式

龙头企业带动型模式是以农副产品加工销售为目的，形成产品和要素一体化经营的一种小农户与企业间关系比较紧密的组织形式。在实践中，龙头企业带动型模式通常有公司与农户的松散联结型、订单农业型、"公司＋基地＋农户"型以及公司和农户的股份合作型等四种类型（叶敬忠，2018）。近年来，龙头企业带动型模式的影响已引起了国内外学者的广泛关注，并形成一系列研究成果。在关于龙头企业带动型模式的正向效应分析中，众多学者认为，小农户与企业之间的联合能够为小农户提供生产资料、资金、技术和市场信息等服务支持，有效降低了小农户面临的各种市场风险和自然风险（N. Key & D. Runsten，1999；P. Simmons et al.，2005；J. Kumar & K. P. Kumar，2008），提高了小农户的家庭收入水平，并且促进了农业生产效率的提升（W. Ma & A. Abdulai，2016；A. K. Mishra et al.，2016）。邓宏图和王巍（2015）基于不完全合同理论框架分析发现，在农地产权约束和信贷约束给定的情况下，企业拥有的专用性资产和分散小农户拥有的土地具有高度互补性，从而使得企业和小农户之间的联合能够带来农业生产效率改进并获得对双方有利的合作盈余（剩余利润增量）。蔡建华等（2012）认为，龙头企业带动型模式是通过契约来规定企业和小农户双方之间的权利和义务关系，目的是促进二者收益的增长。对于小农户而言，有利于降低农产品的选择成本、生产成本和销售成本；对于企业而言，有利于稳定货源和原材料价格、控制生产成本的波动、保证农产品质量。企业与农户通过签订契约规定相关产品质量标准，并向农户提供相应的生产技术来提高产品的品质，以期获得更多溢价（J. Bijman，2008）。尽管一些选择龙头企业带动型模式的小农户，由于现代科技的采用等而提高了生产成本，但是产品质量提升所产生的溢价能够有效弥补成本的增加，同样使得小农户能够获得较高的利润（J. A. Escobal & D. Cavero，2012）。

与此同时，龙头企业带动型模式也产生了一些负面效应。小农户与企业之间的联合对于小农户具有"挤出效应"，即大部分企业倾向于与大中规模农户协作，而排挤小农户（S. Singh，2002；M. Maertens & J. Swinnen，2006）。并且，该模式在发展过程中也逐渐暴露出合同违约、履约困难及双方利益分配不公平等问题，不仅影响了企业与农户相互协作的积极性，而且制约了我国农业产业化和现代化（王亚飞等，2014；黄梦思和孙剑，2018）。因此，龙头企业带动型模式一方面为小农户提供了更多进入市场的机会，节约了交易成本，提高了收入水平；另一方面，由于双方契约地位不平等，小农户处于弱势地位，不可避免地会出现逆向选择和道德风险问题，从而为小农户生产经营利益空间被侵蚀埋下隐患（叶敬忠等，2018；刘晓鸥和邸元，2013）。

（2）合作社带动型模式

合作社既是将分散经营的小农户进行整合以实现自我服务与自我管理的合作组织（叶敬忠等，2018），也是对接小农户和大市场的重要平台（郭斐然和孔凡丕，2018）。世界各国的大量实践经验证明，合作社在小农户和现代农业衔接中扮演着重要角色。合作社带动型模式不仅能够为小农户提供采购、生产、融资和信息等多元化服务，而且可以帮助小农户开展集体销售，降低农产品销售风险（E. Fischer & M. Qaim，2014；

Z. Zhong et al.，2018），减少农产品生产成本，缓解市场信息不对称，同时还有利于推动科学施肥、优良品种和环保农药等现代农业科技的应用，保障农产品质量安全，提高农业生产效率和经济效益（W. Ma & A. Abdulai，2016；J. Suh，2015；X. Su et al.，2014），从而成为推动小农户和现代农业衔接的重要途径（D. Abebaw & M. G. Haile，2013；E. Tolno et al.，2015）。邓衡山等（2011）基于制度变迁理论分析认为，小农户作为理性主体，追求组织化的潜在利润是其进行组织制度创新的内在动力。钟真和孔祥智（2012）通过对奶业抽样数据的实证分析发现，在其他条件不变的情况下，合作社带动小农户有利于改善农产品的品质。李尚勇（2011）运用历史、现实和逻辑方法，研究发现合作社带动型模式有助于把农产品加工和流通环节的利润留在农业内部，提升了广大小农户的收入水平，从而改变了小农户家庭经营方式。因此，部分学者认为，合作社是促进小农户和现代农业衔接的理想载体（徐旭初和吴彬，2018）。

但是，亦有研究指出，合作社带动型模式在实践中存在众多的缺陷，表现为：合作社发展水平不高，难以有效促进小农户和现代农业衔接。例如，蔡荣（2011）利用山东省苹果种植农户的调查数据，研究合作社带动型模式发展过程中存在的问题时发现，合作社预期收益不确定、入社门槛高以及小农户不愿意放弃农业生产经营决策权，导致现实中仍有很多小农户不愿意加入合作社。邓衡山和王文烂（2014）通过多案例研究发现，小农户间的异质性、现行政策环境的不完善以及自身治理机制的不规范，造成绝大部分合作组织偏离其内在本质的规定，导致其规模经济优势难以发挥、组织成本高昂劣势更加凸显，从而在中国难寻真正意义上的合作社（邓衡山等，2016）。

（3）农业社会化服务组织带动型模式

农业社会化服务组织带动型模式是指小农户通过与农资、植保和农机等社会化服务组织签订托管、代耕等服务协议的形式，由社会化服务组织运用现代化生产设备和管理方法来完成小农户承包耕地的全部或部分田间作业（赵鲲和刘磊，2016）。这种模式不仅具有分工和专业化特征（张红宇，2018），而且保持了小农户家庭经营主体地位及收益主体地位，从而有效保障了小农户权益（周娟，2017）。当前在服务规模化的情境下，农业社会化服务组织将委托小农户分散经营的耕地实行集中统一，有助于促进粮食生产的规模化、标准化、机械化和科学化，改善农业非效率投资，降低小农户粮食生产成本，从而提高小农户种粮收益（孙晓燕和苏昕，2012；李静等，2018）。同时，在农业社会化服务组织的带动作用下，小农户还可以在更大范围内和更高层次上参与社会化分工，以分享分工和专业化带来的收益（赵佳和姜长云，2013）。总体而言，农业社会化服务组织至少在五个方面促进了小农户和现代农业衔接：不可生产要素的应用、细碎化资源的整合、流通利益的分享、先进技术的运用和产业组织的构造与合作（郭庆海，2018）。杨志海（2019）通过构建农户福利理论模型分析发现，农业社会化服务通过资源配置和专业分工机制提高了农户福利水平，进一步实证研究表明，与实际参与生产环节外包的农户相比，未参与生产环节外包的农户年家庭人均纯收入少了 6.0%。因此，农业社会化服务组织带动型模式不仅迎合了农村劳动力大量流动、农业劳动力老龄化以及兼业化导致的小农户对社会化服务的需求，而且拓展了农业适度规模经营的内涵，为现阶段小农户和现代农业衔接提供了一条可选路径（张红宇，2018）。

但囿于资源条件和利益分配等（衡霞和程世云，2014），农业社会化服务组织带动型模式在实际操作中还存在着政策导向不明、发展不规范以及小农户组织化不稳定等现实问题（孙新华，2017；于海龙和张振，2018），降低了其服务规模化效率。因此，现阶段农业社会化服务组织带动型模式的发展仍受到一些条件的约束。

（4）综合农协模式

综合农协模式主要是通过政府建立综合农协体系将分散的小农户组织起来，实现生产、加工、销售、信用和生活等各个领域的服务规模化，使小农户能够高效地与现代农业对接（孙新华，2017）。

日本和韩国等东亚地区小农户和现代农业衔接主要采用综合农协模式。日本政府为了扶持农协发展，1947 年颁布了《农业协同组合法》，宣告农协在政府层面正式成立。作为一种独特的农民互助合作经济组织，日本农协具有政府和民间双重特性，目前已形成"中央—都道府县—市町村"的完善组织架构（刘松涛和王林萍，2018）。日本农协发展的宗旨是通过农协来组织零星分散的小农户，推动小农户参与现代农业发展，从而提高小农户福利水平（张乃丽和欧家瑜，2018），这一宗旨获得了广大小农户的大力支持，目前日本小农户基本均参加了农协。农协通过与小农户建立联系，引导小农户围绕共同的市场集中进行生产，产前为小农户制定生产计划、产中向小农户供应农资、产后帮助小农户统一销售农作物（魏晓莎，2015）。概括起来，日本农协提供的综合性社会化服务主要包括五个方面：营农指导业务、销售服务、购买业务、信用服务和社会化服务（陈楠和郝庆升，2012）。总之，日本农协为小农户和现代农业衔接组建了完善的综合服务平台（张士云等，2014）。韩国综合农协也是通过综合社会化服务将分散经营的小农户纳入现代农业发展道路中，目前韩国农协从事的各项服务事业涉及三大类：农产品共同销售事业、工业品共同购买事业及加工和生产事业等经济事业；信用事业和保险事业等金融事业；社会保障、教育、指导和研究等社会事业（申龙均和韩忠富，2014）。

虽然综合协会模式能够为小农户和现代农业衔接提供有利条件，但在经济社会发展过程中也面临着一些挑战：农协政治凝聚力在不断下降、农协会员构成异质性大、会员过于依赖信用和保险业务以及不同会员利用农协的水准差距在扩大（藤荣刚等，2009）。苑鹏（2015）在调研日本农协时发现，日本农协具有群众社团组织、经济组织和政治组织等多元化组织属性，各种组织属性之间存在着内生性的矛盾冲突，使得日本农协进入新的历史时期后发生了变质：去农化、去合作化以及体制官僚化，从而成为政府农业改革的阻力。为此，照搬综合农协模式并不适合我国现代农业发展的实际情况（叶敬忠等，2018）。

就上述四种模式类型来看，虽然龙头企业带动型模式、合作社带动型模式、农业社会化服务组织带动型模式在促进小农户和现代农业衔接上各有其优势，但在实践中仍存在一些问题。综合农协模式主要盛行于日本和韩国等东亚地区，是一种政府行政运作下的干预模式，目前在我国还停留在理念层面，在实践中尚未很好地呈现。尽管学术界大量总结了上述模式的作用、意义以及问题，对本研究具有重要的参考价值，但缺乏从经济学的角度对不同模式的制度特征、实现机制和运行绩效进行系统的理论解析。

2.2.4 小农户和现代农业衔接模式选择的影响因素

小农户和现代农业衔接模式的选择是小农户在现实困境倒逼和利益动

机激励下做出的理性决策行为，是家庭内部条件和外部环境等多种因素共同作用的结果。揭示和刻画这一行为的影响因素是现有研究关注的一个焦点，学者们基于不同层面对其展开理论和实证分析，主要包括：微观个体特征、中观市场因素和宏观制度环境。

（1）微观个体特征

小农户和现代农业衔接模式的选择受到小农户个体特征的影响。小农户个体特征指的是其自身的基本特征，主要包括年龄、文化程度、从业状态以及认知程度等方面。一般而言，年龄较大的小农户，思想观念相对陈旧，对新生事物的认知程度较低；小农户受教育水平越高，对新生事物和新信息的接受能力越强，对现代农业不同经营模式的理解和把握越好（李英和张越杰，2013；段培等，2017）。Fertö和Szabó（2002）通过对匈牙利果蔬部门小农户的分析，发现小农户的年龄是影响其选择经营模式的重要因素。孙艳华等（2010）利用江苏省431个养鸡户的调查样本研究发现，小农户的年龄对其垂直协作有负向影响，而受教育程度的影响为正。徐家鹏和李崇光（2012）考察影响蔬菜种植户产销环节纵向协作参与意愿的因素，研究结果显示，从业状态负向影响蔬菜种植户在产销环节协作的参与意愿。赵凯等（2013）基于陕西杨凌及周边地区131个小农户的调查数据，分析小农户基本特征对现代农业经营模式选择的影响时发现，小农户的认知程度与其参与意愿呈正相关，这说明小农户对现代农业经营模式的认知程度越高，对其运行机理及特点掌握越清楚，就越有可能参与现代农业经营模式。

（2）中观市场因素

在影响小农户和现代农业衔接模式选择的因素中，市场因素主要体现为：交易费用和农产品的产品特性。

在交易费用理论框架下，理性小农户的模式选择主要取决于市场交易产生的交易费用，不确定性、资产专用性和规模性是决定交易费用高低的主要因素（O. Williamson，1985），它们会影响小农户选择现代农业发展模式。其中，不确定性由信息非对称和自然无序行为导致（O. Williamson，1985），主要表现为：环境不确定性和生产不确定性（I. Geyskens & J. - B. E. Steenkamp，1998；G. Moschini & D. A. Hennessy，2001）。环境不确定性是指受交易环境变化影响，小农户在交易之前难以获得有效市场信息进行预测（I. Geyskens & J. - B. E. Steenkamp，1998）；生产不确定性指的是在农业生产过程中自然因素造成产出情况和产品质量无法预知（G. Moschini & D. A. Hennessy，2001）。李霖和郭红东（2017）研究发现，环境不确定性变量和生产不确定性变量不仅会影响小农户选择现代农业发展模式，也会影响小农户蔬菜种植净收入。资产专用性可由资本要素表示的物质资产专用性、劳动力要素表示的人力资产专用性以及土地要素表示的地理资产专用性三个维度来刻画，它将资产产权固定在某个用途或性质上，如果资产的某项权利被分离并让渡出去，那么小农户在损失全部权利功能的同时，也将承担更多的交易成本。并且，资产的专用性越强，所需的专业知识和技能要求就越高，锁定效应也就越强，进而影响小农户现代农业发展模式的选择（何一鸣和罗必良，2011；陈思羽和李尚蒲，2014；曹峥林等，2017）。规模性是指土地和劳动力等要素的使用通常基于一定的地理空间和规模水平。小农户资源要素规模性越强，需要的生产和经营管理等方面的相关投入就越多，家庭内部要素配置的难度就越大，小农户越倾向于借助外部力量来进行农业生产（曹峥林等，2017）。

农产品的产品特性一般指自然特性和市场特性。其中，自然特性包括农产品的生产周期和产品类型，市场特性包括农产品的商品化率和市场供求特性。已有研究表明，小农户选择现代农业发展模式的行为受到农产品产品特性的影响。关于农产品的自然特性，Lo（2010）通过构建一个简单模型分析了小农户和农业企业间的纵向协作模式，发现小农户选择不同模式的行为受到农产品生产周期的影响。就生产周期短的农产品（比如鸡蛋）而言，小农户倾向于选择龙头企业带动型模式；就生产周期中等的农产品（比如肉鸡）而言，小农户倾向于选择生产合同模式；而就生产周期长的农产品（比如生猪）而言，小农户则更愿意选择市场交易模式。Ward 和 Clement（1997）研究发现，龙头企业带动型模式还与农产品类型有关，农产品类型直接影响小农户订单的参与意愿及履约行为。关于农产品市场特性，已有研究认为，与商品化率低的农产品相比，商品化率高的农产品对市场的依赖程度更高，而紧密纵向协作能够有效联结市场，因此对于商品化率高的农产品，小农户倾向于在产销环节采取紧密纵向协作模式来获取更大的利益（徐家鹏和李崇光，2012）。并且，就农产品市场特性而言，农产品的供求特性影响着市场供求双方的博弈关系，从而影响农民合作组织的建立。通常当农产品需求价格弹性大、供给价格弹性小时，作为供给方的农户倾向于选择合作，而当供给和需求价格弹性均较小时，需求方和供给方之间的合作意愿更强（黄祖辉等，2002）。

（3）宏观制度环境

已有研究表明，宏观制度环境对小农户选择现代农业发展模式有着重要的影响。宏观制度环境包括正式制度环境和非正式制度环境。其中，正式制度环境体现为政府的政策、法律和法规等，而非正式制度环境体现为文化环境和社会关系网络等。

政府激励政策存在与否会影响小农户对现代农业发展模式的选择。政府对农业的支持力度越大以及制度对小农户的保障性越强，小农户就越愿意选择现代农业发展模式，以追求自身经济收益最大化（赵凯等，2013）。黄祖辉和高钰玲（2012）研究发现，正式制度能够为农民专业合作社的服务功能发挥提供宏观环境，引导其未来发展走向。表现为：政府支持农民专业合作社发展的资金规模越大且越到位，越有助于拓展农民专业合作社服务功能的实现宽度以及提升服务功能的实现深度；关于农民专业合作社的政策法规执行及完善程度越高，越有利于其开展服务工作；政府对农民专业合作社某项服务功能越重视，越有利于农民专业合作社该服务功能的实现。而服务功能的完善则有助于保障小农户的利益，小农户更倾向于选择加入农民专业合作社（H. Deng et al.，2010）。因此，政府的相关激励政策不仅会影响农民合作经济组织的发展，而且会影响小农户对现代农业发展模式的选择。

作为非正式制度，文化（信念）决定个人偏好，进而决定其决策和行为（A. T. Denzau & D. C. North，1994）。因此，文化对小农户选择现代农业发展模式也会产生一定的影响（A. Devaux et al.，2009；F. Kruijssen et al.，2009）。文化以知识、管理和习俗等方式潜移默化地影响小农户发展现代农业。例如，在农民专业合作社成立前，如果当地小农户具有合作或互助的基础，这种已有的合作文化有利于社员农户对农民专业合作社内部服务功能的响应和接受（黄祖辉和高钰玲，2012）。段培等（2017）通过研究种植业技术密集环节外包农户的个体响应发现，小农户对技术密集环节外包的易用性认知、有效性认知水平以及意愿越高，选择该环节外包的概率越大。同时，非正式制度中的社会资本也会影响现代农业发展模式的选择，如果参与主体之间的关系取向较弱，那么该模式中参与主体之间合作的紧密程度也较低。李世杰等（2018）基于对海源公司的案例分析发现，小农户和公司间的信任度不足会导致小农户与公司结成的合作联盟松散而不稳定。

2.2.5　文献述评

就现有文献来看，关于小农户和现代农业衔接的内在关联性的研究脉络是清晰的，而且在新的历史条件下深入研究小农户的类型，小农户和现代农业衔接的现实问题、模式类型及评价和模式选择的影响因素，具有较强的现实参考价值，为本研究的开展提供了十分重要的理论基础和研究依据。然而，现有研究仍存在以下值得进一步完善的地方，具体表现为：

其一，就研究内容而言，现有研究多是针对小农户和现代农业衔接面临问题的严峻性展开，以及着眼于小农户和现代农业衔接的某一种模式展开研究。然而，对小农户和现代农业衔接不同服务组织模式蕴含的制度特征、实现机制和运行绩效尚未进行系统的阐释。特别是缺少以微观调查数据为基础对不同服务组织模式运行绩效进行实证研究，以及对不同服务组织模式下小农户的生产效率进行测度与分析。此外，针对不同服务组织模式存在的问题，亟须对小农户和现代农业有效衔接进行理论设计。

其二，就研究视角而言，近年来学术界以劳动分工理论为基础来探讨小农户和现代农业衔接的服务组织模式的研究相对不足。尽管有学者注意到了农业分工问题，但只是分析了农业领域的横向分工和纵向分工对实现服务规模经营的重要性，并没有阐述如何实现农业中的横向分工和纵向分工。因此，迫切需要从分工视角进行系统的分析和探讨。

其三，就研究方法而言，现有关于小农户和现代农业衔接服务组织模式的研究以定性研究为主，采用微观调查数据展开的实证研究相对缺乏，而将两种方法结合起来的研究更为鲜见。因此，亟须对此进行补充，以期进一步丰富小农户和现代农业衔接服务组织模式的相关研究，并为促进小农户和现代农业衔接提供更具有说服力和可操作性的政策建议。

鉴于此，本研究将在已有研究成果的基础上，采取多种研究方法，全面系统地理论分析小农户和现代农业衔接服务组织模式的制度特征、实现机制及运行绩效，并利用微观调查数据实证分析不同服务组织模式的绩效与效率，探析其存在的问题及其影响因素，在此基础上，对小农户和现代农业有效衔接进行理论设计，以化解小农户和现代农业衔接所面临的矛盾，从而加快小农户家庭经营基础上的农业现代化进程。

第 3 章　小农户和现代农业衔接的现实考察

促进小农户和现代农业衔接，对于我国乡村振兴战略的实施和农业现代化的实现具有重要的现实意义。正确认识小农户和现代农业衔接的现状、基础和服务组织类型等，是实现小农户和现代农业衔接的前提。为此，本章将从小农户和现代农业各自发展的情况以及二者衔接存在的实践困境入手，探析二者之间的相容性关系，进一步总结当前我国小农户和现代农业衔接的主要服务组织类型，从而为小农户和现代农业衔接的服务组织模式研究提供切入点和研究基础。本章具体结构安排如下：第一部分重点刻画小农户和现代农业衔接的现状；第二部分论述小农户和现代农业衔接的现实基础；第三部分介绍小农户和现代农业衔接的服务组织类型；第四部分为本章小结。

3.1　小农户和现代农业衔接的现状

3.1.1　小农户发展的现状

作为农村经济的主体，小农户在我国历史发展进程中，在维护国家粮食安全、筑建社会基本经济单元以及向非农部门输出劳动力和承载传统农耕文明等方面均发挥着不可替代的作用。纵观日本、韩国等国家的小农演变轨迹可以预判，虽然我国小农户的数量、规模和结构在未来时期将不断变化，但小农户仍将长期存在。当前，在现代农业快速发展的情境下，小农户分散经营面临的挑战越来越凸显。改造小农家庭经营的传统农业，以实现小农户与现代农业衔接，成为当下迫切需要解决的现实问题。为此，刻画小农户发展的现状与特征，有助于促进小农户参与现代农业发展。

（1）小农户数量大且结构特征差异显著

现阶段，小农户在我国农业生产经营中仍占据着主体地位。根据第三次全国农业普查主要数据公报（第二号）资料（表 3.1），2016 年全国农业经营户有 20 743 万户，其中小农户为 20 345 万户，比例高达 98.1%。同时，小农户经营人员总数占全国农业生产经营人员的 92.4%。从区域分布来看，东部、中部和西部地区小农户数量相近，分别占全国小农户户数的 31.3%、31.2% 和 32.1%，而东北地区小农户仅占 5.4%。说明我国小农户不仅总量大而且主要分布在东部、中部、西部地区，这也从侧面反映出东部、中部、西部地区的农业生产还处于小规模经营阶段。

表 3.1 2016 年小农户农业生产经营人员数量和结构

结构特征		全国	东部地区	中部地区	西部地区	东北地区
小农户户数（万户）		20 345	6 360	6 341	6 537	1 107
小农户经营人员总数（万人）		29 041	8 023	9 264	9 965	1 788
人员从事农业行业构成（%）	种植业	95.6	95.9	96.7	94.0	94.0
	林业	1.6	1.6	1.4	2.3	0.6
	畜牧业	2.2	2.1	1.4	3.4	5.0
	渔业	0.4	0.3	0.3	0.2	0.1
	农林牧渔服务业	0.2	0.1	0.2	0.1	0.3
人员性别构成（%）	男性	52.2	52.0	52.4	52.0	53.4
	女性	47.8	48.0	47.6	48.0	46.6
人员年龄构成（%）	35 岁及以下	19.1	17.7	18.0	21.7	16.6
	36～54 岁	46.3	43.2	47.0	47.7	47.7
	55 岁及以上	34.7	39.1	35.0	30.6	35.7
人员受教育程度构成（%）	未上过学	6.6	5.5	5.8	9.0	2.1
	小学	37.9	33.0	33.2	45.8	38.9
	初中	48.1	52.5	52.5	39.4	54.6
	高中或中专	6.6	8.0	7.5	4.9	3.8
	大专及以上	0.9	1.0	1.0	0.9	0.6

数据来源：根据第三次全国农业普查主要数据公报（第二号、第五号）计算所得。部分数据因四舍五入，存在着与分项合计不等的情况。

从人员从事农业行业构成来看，全国小农户从事种植业的比例达到95.6％，而从事林业、畜牧业、渔业和农林牧渔服务业的比例合计不超过5.0％。可见小农户主要分布在种植业领域，是我国粮食的主要生产者。目前我国粮食种植农户包括种粮大户和种粮小农户，但农业农村部种植业司调查数据显示，2013年我国南方种植规模超过50亩、北方种植规模超过100亩的种粮大户仅有68.2万户，约占全国农户总数的0.28％。表明种粮大户目前难以成为我国粮食种植的主体，而小农户在未来一段时期仍将是我国粮食种植的主体（罗必良等，2018）。从调查区域安徽和山东粮食主产区小农户粮食种植面积和单产来看，在1 152个样本小农户中，粮食种植面积占家庭土地经营面积的90％以上，粮食亩产量高于粮食主产区平均水平。说明样本小农户家庭经营的土地大部分用于粮食种植，并且粮食生产能力相对较强。

从人员性别构成来看，全国农业生产经营人员中女性比例达到47.8％，并且东部、中部、西部及东北地区和全国具有相同的特征。随着外出务工人数的不断增加，越来越多的农村家庭由女性承担种地角色，家庭内部逐渐形成男性外出务工、女性看管承包地的分工格局。从调查区域小农户人员性别构成来看，在1 152个样本中，男性占比54.5％，女性占比45.5％。由此可见，安徽和山东粮食主产区样本小农户家庭中农业生产经营人员逐渐趋于女性化。

从人员年龄构成来看，全国55岁及以上的农业生产经营人员占比高达34.7％。中国老龄科学研究中心调查显示，农村60～64岁的老人仍有62.7％在从事农业生产。这表明，我国小农户农业生产经营人员老龄化趋势明显，随着农村大量青壮年劳动力外出务工，老人成为农业生产的主力军，农业劳动力结构断层现象突出。分区域来看：在东部地区，55岁及以上比例高于全国4.4个百分点；在中部地区，55岁及以上比例高于全国0.3个百分点；在西部地区，55岁及以上比例低于全国4.1个百分点；在东北地区，55岁及以上比例高于全国1.0个百分点。由此可见，老龄化趋势在东部地区表现得更加明显。从调查区域来看，样本小农户人员年龄在35岁及以下、36～54岁、55岁及以上的分别占比18.2％、45.1％、36.7％，与全国小农户农业生产经营人员年龄构成相似。

从人员受教育程度构成来看，全国小农户农业生产经营中小学及以下、初中、高中或中专、大专及以上的占比依次为：44.5%、48.1%、6.6%、0.9%。这说明全国小农户受教育程度主要集中在初中，小农户文化素质普遍不高。从不同区域来看：东部地区小学及以下占比38.5%，初中占比52.5%，高中或中专以上占比9.0%；中部地区小学及以下占比39.0%，初中占比52.5%，高中或中专以上占比8.5%；西部地区小学及以下占比54.8%，初中占比39.4%，高中或中专以上占比5.8%；东北地区小学及以下占比41.0%，初中占比54.6%，高中或中专以上占比4.4%。可见，相对于东部、中部和东北地区，西部地区小农户受教育程度普遍较低，这与西部地区的经济发展水平相对落后密切相关。从调查区域来看，在样本小农户中，小学及以下、初中、高中或中专、大专及以上分别占比45.6%、47.5%、6.5%、0.4%，同全国小农户受教育程度分布类似。

(2) 小农户兼业化程度高且趋于分化

近年来，随着粮食种植成本的上升、非农就业机会与收入的增加，粮食种植收益不断递减，导致我国小农户非农兼业行为日益普遍。根据农业农村部固定观察点数据，1993—2013年我国纯农户比例从49.9%降到39.7%，而非农户和兼业农户比例超过60.0%。2015年非农收入占比超过80%的小农户比例达到57.5%，非农收入低于家庭收入50%的小农户比例为21.9%，而家庭收入完全来自农业的纯农户比例仅为10.3%（刘同山，2018）。这意味着我国农业经营的激励缺失，更高的非农收益诱致我国小农户不断趋于分化，且逐渐转向离农化和兼业化。

在粮食主产区，小农户兼业经营行为也呈现出普遍化趋势。图3.1显示的是2013—2016年我国粮食主产区农户从业收入的结构变化情况。从平均水平来看，我国粮食主产区农户收入结构呈现出以家庭经营收入为主转向以工资性收入为主的趋势。2013年农户家庭经营收入占从业总收入的比例高达58.4%，而到2016年下降为51.4%。与此同时，工资性收入由41.6%上升到48.6%，四年间增长了7个百分点。说明工资性收入对农户家庭收入水平的影响正在逐步上升，有大量农户逐渐成为以工资性收入为主的兼业农户。进一步地，2018年11月，笔者走访了安徽省合肥市庐江县同大镇某村。截至2017年底，该村劳动力中务工人口有2 900人，其中2 002人在省外务工，898人在本地县城务工，三者分别占全村劳动力的82.5%、57.0%和25.5%。并且，大多数农民在外出务工的同时仍保留家庭承包耕地进行粮食种植，从而呈现出兼业农户的特征（表3.2）。

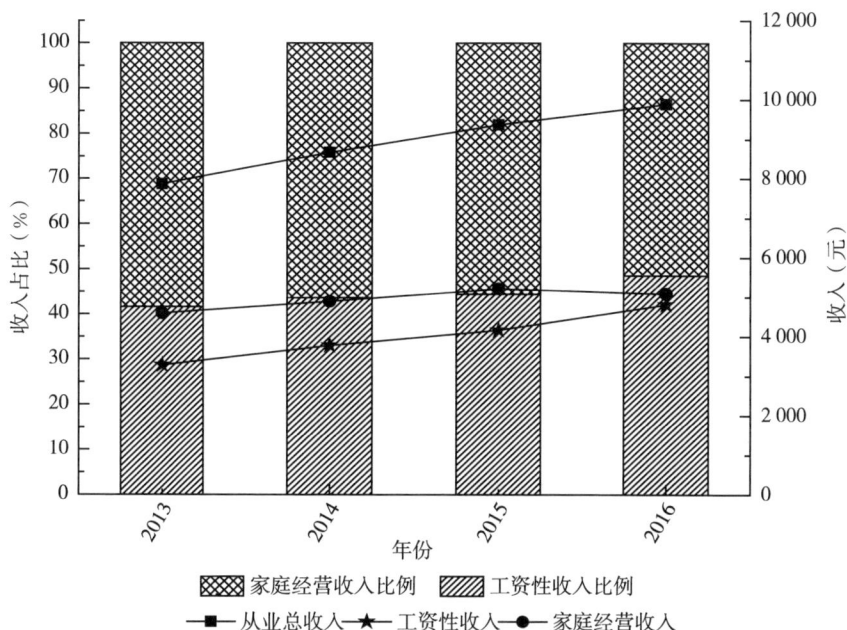

图 3.1 2013—2016 年我国粮食主产区农户从业收入的结构变化情况

数据来源：根据《中国农村统计年鉴》（2016—2017 年）整理所得。

表 3.2 某村不同就业类型小农户的分布情况

小农户类型	农户数（户）	比例（%）
纯农户	70	6.9
兼业农户	861	85.1
非农户	81	8.0
共计	1 012	100

注：关于农户类型的划分采取农业农村部相关做法。纯农户指家庭年均从业收入中农业收入占比超过 80% 的农户；兼业农户中农业收入占比 50%～80% 为兼业 I 型农户，农业收入占比 20%～50% 为兼业 II 型农户；非农户指农业收入比例低于 20% 的农户。

数据来源：笔者根据某村党支部书记访谈资料整理所得。

（3）小农户土地经营规模小且劳动生产率低

20 世纪 80 年代初，我国农村普遍实行了家庭联产承包责任制，该制度在调动广大小农户生产积极性的同时，也导致了土地细碎化的特征。

1986 年，我国小农户平均土地经营规模为 9.2 亩，每户土地分散为 8.4 块[①]。近年来，随着农村土地流转的不断推进，农业生产经营规模有了明显提高，但总体尚未改变长期以来小规模分散经营的状况。有关调查数据显示（图 3.2），在 1996 年、2010—2015 年中，我国土地经营规模低于 10 亩的农户比例平均超过 80%。其中，2015 年土地经营规模低于 10 亩的农户占家庭承包户总数的 85.7%，比 1996 年增加了 9.7 个百分点；土地经营规模在 10～30 亩的农户占家庭承包户总数的 10.3%，比 1996 年减少了 0.9 个百分点。并且，2010—2015 年，尽管土地经营规模高于 50 亩的农户比例在逐渐增加，但仍低于 1996 年。这说明土地小规模分散经营仍是当前我国农业经营的主要方式。

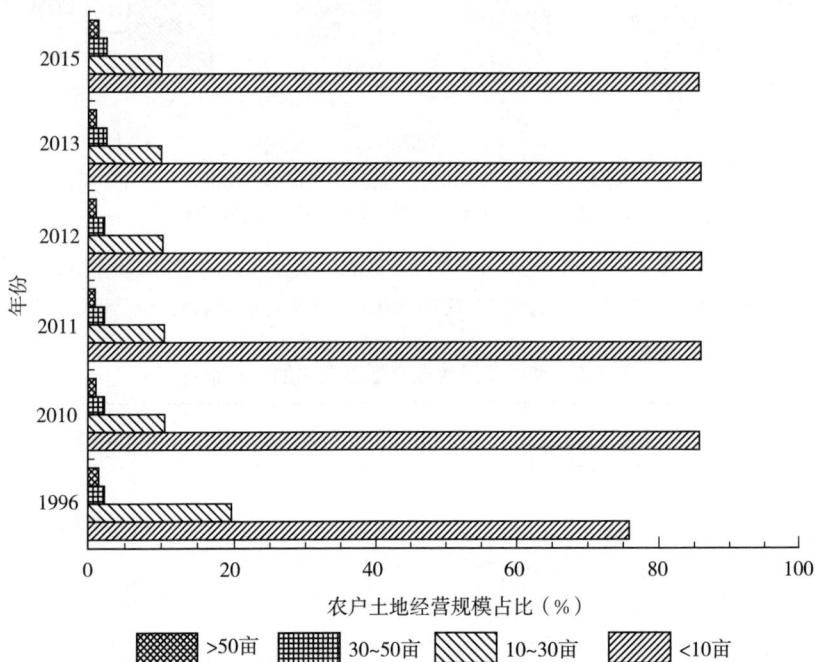

图 3.2　我国农户土地经营规模

数据来源：1996 年数据为全国农村固定观察点农户调查数据；2010 年至 2013 年数据来源于刘守英等《山东供销社试验：服务规模化与农业现代化》，载《中国改革》2016 年第 6 期；2015 年数据来源于农业部经管司编《全国农村经营管理资料》。

---

① 数据来源：《全国农村社会经济典型调查数据汇编：1986—1999 年》，中国农业出版社，2001 年，第 3 页。

另据魏后凯（2017）对世界各国土地经营规模的划分，经营规模小于
30 亩、30～75 亩、大于 75 亩分别对应小规模、中等规模、大规模三种类
型。从表 3.3 中可以看出，我国小规模经营农户占比高达 97.9%，位居
世界前列，而中等规模农户和大规模农户比例分别只有 1.7% 和 0.4%，
均低于世界平均水平。由此可见，我国土地经营属于典型的小规模主导
型。然而，土地经营规模与劳动生产率之间呈正相关关系（李谷成等，
2009），即意味着土地经营规模越小，劳动生产率越低。因此，土地分散
细碎化降低了农业劳动生产率，进而制约了小农户和现代农业发展有机
衔接。

表 3.3　2015 年世界主要国家不同土地经营规模类型（%）

类型		土地经营规模分级		
		<30 亩	30～75 亩	>75 亩
世界平均		84.4	9.6	6.0
小规模主导型	中国	97.9	1.7	0.4
	韩国	90.2	9.8	0.0
	日本	88.5	9.1	2.4
	印度	81.8	13.9	4.3
中等规模主导型	洪都拉斯	0.0	54.7	45.3
	波多黎各	0.0	52.7	47.3
	纳米比亚	38.9	48.9	12.2
	立陶宛	8.0	47.1	44.9
大规模主导型	美国	0.0	10.7	89.3
	英国	13.9	9.2	76.9
	德国	8.0	16.9	75.1
	巴西	20.3	16.5	63.2

数据来源：魏后凯《中国农业发展的结构性矛盾及其政策转型》，载《中国农村经济》2017 年第
5 期。

3.1.2　现代农业发展的现状

建设现代农业是发达国家经济社会发展的普遍经验，也是我国经济社
会发展的客观要求。一直以来，我国政府高度重视现代农业发展，不断完

善对农业的支持保护制度，并加大对农业的政策扶持力度。从 2007 年到 2017 年，农林水事务财政支出由 3 404.7 亿元增加到 19 089.0 亿元，占财政支出比重由 6.8% 提高到 9.4%，增加了 2.6 个百分点[①]。国家财政强农惠农政策的大力支持显著提高了我国现代农业发展水平。

（1）农业生产力不断提高，促进农业现代化水平提升

近年来，我国的农田水利设施在不断完善。自 2005 年至 2017 年，我国耕地灌溉面积由 5 502.9 万公顷上升至 6 781.6 万公顷，增长了 23.2%。其中，节水灌溉面积占耕地灌溉面积的比重由 38.8% 提高到 50.6%。灌区数从 2005 年的 5 860 处上升至 2017 年的 7 839 处，增加了 1 979 处。其中，面积 2.0 万～3.3 万公顷的灌区从 170 处提高至 281 处，增加了 111 处；3.3 万公顷以上的灌区从 117 处提高至 178 处，增加了 61 处。与此同时，农村地区水利基础设施也在进一步完善。2017 年我国农村水库数量达到 98 795 座，比 2005 增加了 13 687 座。其中，大型水库 732 座，增加了 262 座；中型水库 3 934 座，增加了 1 000 座；小型水库 94 129 座，增加了 12 425 座。并且，水土综合治理能力也明显提升，水土流失治理面积和除涝面积分别从 2005 年的 9 465 万公顷和 2 133.9 万公顷增加到 2017 年的 12 583.9 万公顷和 2 382.4 万公顷[②]。这表明，我国农业抵抗自然风险的能力得到显著提升，农业水利化水平在不断提高。

同时，农业机械化水平大幅度提高。20 世纪 90 年代中期至 21 世纪初，农业机械总动力增速加快，由 1995 年的 36 118.1 万千瓦增加到 2000 年的 52 573.6 万千瓦，增长了 45.6%。近年来，农用大中型拖拉机数量及其配套农具数量的上升速度显著快于小型拖拉机（图 3.3）。在 2000—2017 年，大中型拖拉机由 97.5 万台增加到 670.1 万台，年均增长率为 12.0%，其配套农具年均增长率为 12.7%；同期小型拖拉机由 1 264.4 万台增加到 1 634.2 万台，年均增长率为 1.5%，其配套农具年均增长率为 2.9%。随着农业机械化水平的不断提高，农业生产方式正在发生改变。统计数据显示，2017 年我国农作物耕种收综合机械化率达到 66% 以上。其中，机耕面积为 12 270.4 万公顷，比 2014 年、2015 年和 2016 年分别增长了 4.5%、2.4% 和 1.4%；2014—2017 年，机播面积和机收面积分

---

①② 数据来源：《中国统计年鉴 2018》。

别增长了7.3%和14.0%（表3.4）。农业机械的广泛应用标志着我国农业生产方式已由以劳动力为主逐渐向机械化转变，同时也表明我国农业生产要素禀赋结构在不断变化，有助于避免农村劳动力大量转移对农业生产带来的负面影响。

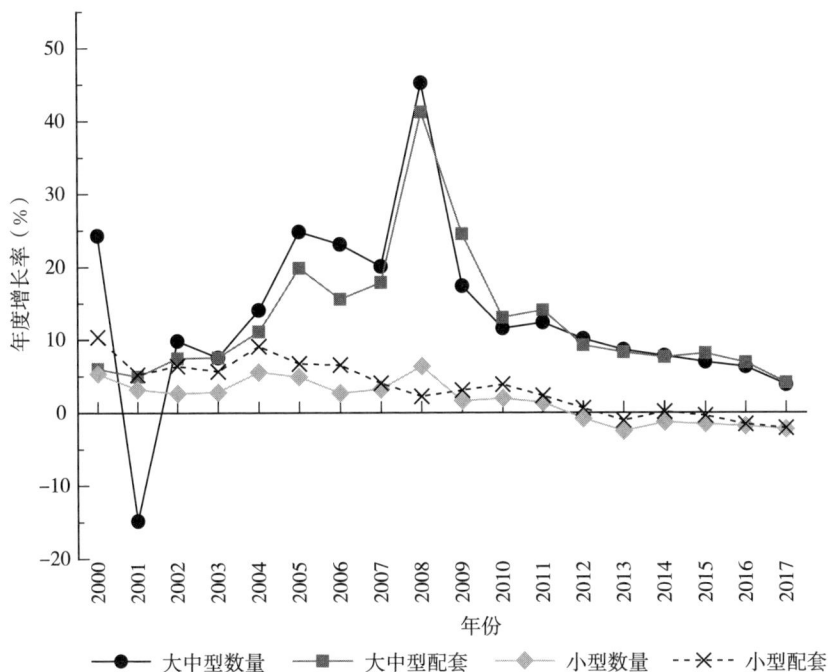

图3.3 2000—2017年我国农业机械化发展情况

数据来源：《中国统计年鉴2018》。

表3.4 我国农作物生产环节机械使用情况

年份	机耕面积（万公顷）	机播面积（万公顷）	机收面积（万公顷）
2014	11 741.8	8 395.6	8 327.0
2015	11 987.6	8 665.1	8 764.4
2016	12 101.8	8 791.8	9 172.2
2017	12 270.4	9 004.6	9 490.1
2017年比2016年增长（%）	1.4	2.4	3.5
2017年比2015年增长（%）	2.4	3.9	8.3
2017年比2014年增长（%）	4.5	7.3	14.0

数据来源：《中国农村统计年鉴》（2015—2018年）。

并且，农业信息化建设取得新发展。工信部相关数据显示，全国已在14个省份11 986个乡镇开展信息下乡活动，共建成11 724个乡镇信息服务站、107 695个行政村信息服务站、8 422个乡镇涉农信息库和53 178个村级网上信息栏目。同时，信息化技术已广泛应用于农业生产过程中，目前已建成1个国家级遥感应用中心和6个区域级遥感应用分中心，共形成了大宗农作物监测系统、重大自然灾害监测系统和农业资源监测系统等三大运行系统（张新民，2011）。

此外，农业科技水平显著提升。自党的十八大以来，我国农业科技工作不断取得新突破，技术进步对农业增长的贡献率已从2007年的47%提高到2017年的57%。在这十余年间，小麦单产提高了26%、玉米单产提升幅度达到11%、水稻单产增加10%。随着农业科技进步的加快，我国农业科技整体水平与发达国家间的差距逐步缩小，并在发展中国家居于领先地位。另有相关资料统计显示，杂交玉米、杂交油菜、超级稻、转基因抗虫棉等一系列突破性科技成果的推广和应用，使2015年我国主要农作物良种覆盖率达到近100%[①]。这意味着我国农业发展已转向以科技进步为主的新阶段。

（2）现代化学物投入不断下降，驱动农业发展动能转换

同世界其他国家一样，化肥和农药等现代化学物投入是我国农业发展的主要驱动力量。然而，值得关注的是，近年来我国农业发展方式正在逐渐转变。《中国农村统计年鉴》数据显示，2014—2017年，我国粮食单产水平由每公顷5 445.9公斤增加到5 607.4公斤，增长了3.0%。这期间，我国化肥施用量由5 996.4万吨减少为5 859.4万吨，下降了2.3%；农药使用量由180.7万吨减少为165.5万吨，下降了8.4%（表3.5）。由此可见，在粮食单产水平不断提升的同时，化肥、农药等现代化学物投入在不断缩减。并且，与粮食单产水平的增长速度相比，化肥、农药等现代化学物投入的下降速度更快。粮食单产水平2017年比2015年、2016年分别增长了1.0%、1.2%；化肥施用量2017年比2015年、2016年分别下降了2.7%、2.1%；农药使用量2017年比2015年、2016年分别下降了

---

① 数据来源：《农业部部长韩长赋：2020年农业科技进步贡献率力争达到60%》，http://jiuban.moa.gov.cn/zwllm/zwdt/201612/t20161223_5416264.htm。

7.2%、4.9%。化肥、农药等现代化学物投入的减少，有助于我国农业发展动能的转换及促进现代农业发展。与此同时，我国主要粮食作物的商品率也逐渐呈现出递增趋势。2017 年粮食商品率为 91.0%，比 2014 年、2015 年和 2016 年分别增长了 2.1%、1.1% 和 0.9%，表明我国粮食市场化水平和商品化程度在不断提高。

表 3.5　2014—2017 年我国粮食生产与部分现代化学物投入情况

年份	粮食		化肥施用量（万吨）	农药使用量（万吨）
	单产（公斤/公顷）	商品率（%）		
2014	5 445.9	89.1	5 996.4	180.7
2015	5 553.0	90.0	6 022.6	178.3
2016	5 539.2	90.2	5 984.1	174.0
2017	5 607.4	91.0	5 859.4	165.5
2017 年比 2016 年增长（%）	1.2	0.9	−2.1	−4.9
2017 年比 2015 年增长（%）	1.0	1.1	−2.7	−7.2
2017 年比 2014 年增长（%）	3.0	2.1	−2.3	−8.4

数据来源：《中国农村统计年鉴》（2015—2018 年）。

（3）新型农业经营主体不断涌现，提高农业产业化水平

伴随城镇化、工业化的快速发展，农村土地"三权分置"改革的深入推进，以及农业经营方式的变化，实践中涌现出了多元化的新型农业经营主体。近年来，在农村家庭承包经营基础上，从事农业生产和服务的各类新型经营主体不断发展壮大。截至 2016 年底，全国经农业部门依法登记的农民专业合作社有 179.4 万家，农业产业化龙头企业有 13 万家，农业社会化服务组织达到 115 万个。目前，粮食主产区山东省注册登记的农民专业合作社有 19.4 万家，农业产业化龙头企业有 9 600 万家，农业社会化服务组织超过 21 万个[①]；安徽省农民专业合作社有 8.9 万家，农业产业化龙头企业有 15 504 万家，农业社会化服务组织超过 3 万个[②]。主体多元

---

①　数据来源：山东省《关于加快构建政策体系培育新型农业经营主体的实施意见》，中华人民共和国国务院新闻办公室：http://www.scio.gov.cn/xwfbh/gssxwfbh/xwfbh/shandong/Document/1631372/1631372.htm.

②　数据来源：安徽省《关于加快构建政策体系培育新型农业经营主体的实施意见》，中国农业信息网：http://www.agri.cn/V20/ZX/qgxxlb_1/qg/201803/t20180315_6091806.htm.

化是我国现代农业经营体系的显著特征，也是传统农业向现代农业演变的必然现象。新型农业经营主体蓬勃兴起，已成为促进我国现代农业建设的引领力量。从全国新型农业经营主体发展情况来看，新型农业经营主体对农业标准化生产、三产融合、涉农业务收入提升以及农业质量和竞争力提升等现代农业层面具有显著的辐射带动作用。

根据实践观察，小农户、农民专业合作社、农业产业化龙头企业和社会化服务组织等不同农业经营主体呈现出差异化发展的特征和潜在的比较优势。同时，伴随农业产业形态的扩展以及农业产业链条的纵向延伸，各类经营主体之间优势互补、融合发展态势更加突显。从20世纪80年代的"龙头企业＋农户""合作社＋农户"衍生为"龙头企业＋合作社＋农户"，进一步发展到现阶段的农业产业化联合体，这些都是不同经营主体之间资源组合、协调发展的实践例证。各类经营主体相互间通过优势互补建立利益联结机制来延长产业链、提升价值链、完善供应链和拓展生态链，进而有力地促进了现代农业发展（张红宇，2018）。

3.1.3　小农户和现代农业衔接的实践困境

现代农业力求以现代的生产经营方式、先进的物质装备和科学技术发展农业，但小农户家庭经营存在老龄化、女性化和兼业化"三化"并重的锁定效应，耕地禀赋的刚性效应，高成本的挤出效应以及市场准入的壁垒效应等系列问题，掣肘了小农户和现代农业衔接。

（1）"三化"并重的锁定效应

受小农户家庭农业生产经营人员结构的影响，现代农业发展中的各种矛盾日益凸显。具体表现为：老龄劳动力和女性劳动力在身体机能、知识储备和专业技能等方面均存在显著劣势，且其接受新生事物的能力较弱，较高的老年和女性人口劳动参与率会造成农业劳动力人力资本弱化，导致农业有效劳动投入不足，对现代农业技术的应用和生产经营的科学化管理形成束缚，从而影响传统农业向现代农业转变。同时，农户兼业行为对现代农业发展也构成了挑战。随着农业经营机会成本的提高和非农产业就业机会的增加，兼业农户的家庭收入逐渐趋向于以工资性收入为主，农业经营对兼业农户家庭的重要性不断降低，致使其对农业生产效率的关注和现代生产要素的投资使用落后于纯农户和规模经营户，通常选择粗放的农业耕作方式。因而，兼业农户农业经营行为的弱化不仅会降低农业生产经营质量，而且延缓了农业现代化发展进程。

（2）耕地禀赋的刚性效应

我国小农户的承包耕地不仅总体规模小，而且还表现出单个地块小、布局高度分散等特征，使得具有不可分割性特点的资本要素在农业生产中的作用难以得到有效发挥。机械技术作为资本要素，其物质载体具有不可分割性特点，无法在不同经营规模下达到资源的最佳配置。虽然农业机械按形态和功率可划分为大、中、小等多种类型，但对于小规模农户而言，即便是小型农机具也无法充分发挥作用。小型农机具存在功能上的约束，不能适应小农户农业生产的某些需求。例如，深耕土壤必须采用大中型拖拉机，粮食收割必须采用联合收割机（郭庆海，2018）。相对而言，大中型农机具不仅具有小型农机具不具备的功能，而且工作效率大大提高。随着农业生产力的发展，截至 2017 年底，我国大中型拖拉机数量达到670.1 万台，比 2016 年增加了 24.7 万台，而小型拖拉机数量比 2016 年减少了 37.4 万台。现阶段大中型农机具数量在不断增加，且技术水平显著提高，相较于小型农机具具有显著比较优势，但大中型农机具因受到土地资源条件的刚性约束，为分散经营的小农户提供服务通常面临田间作业难度大、技术不匹配和服务成本高等问题，一定程度上限制了先进农业技术的推广与应用，已成为农业生产效率提高的现实制约（蔡昉和王美艳，2016）。

（3）高成本的挤出效应

近年来我国粮食种植成本显著提升，特别是人工成本。2003 年我国水稻种植的人工成本仅为 152.71 元/亩，2016 年增至 495.34 元/亩，增幅高达 224.34%，年均增长率达到 9.47%，同期小麦和玉米种植的人工成本年均增长率分别达到 10.38% 和 10.35%（罗必良等，2018）。根据调研数据，2017 年山东省粮食种植的人工成本相较 2013 年上升了 3 倍。与此同时，粮食种植的比较收益却在下降，2003—2016 年，花生、甘蔗、甜菜和蔬菜利润的年均值分别达到 357.54 元/亩、335.48 元/亩、314.08元/亩和 1 825.71 元/亩，而水稻、玉米和小麦利润的年均值分别只有224.09 元/亩、103.45 元/亩和 75.06 元/亩（罗必良等，2018）。相比经济作物，我国粮食作物的利润空间十分狭小，导致小农户尤其兼业小农户粗放种粮及抛荒不种粮的现象加剧，从而诱发国家粮食安全问题。

（4）市场准入的壁垒效应

小农户被卷入市场是现代农业分工深化的结果，小农户自身的局限性，导致其与市场之间的联结存在一定的障碍。具体表现为：一是信息获取能力薄弱。在家庭分散经营条件下，大多数小农户不仅无法及时掌握有效的市场信息，而且搜集市场信息面临高昂的交易成本，市场信息的匮乏造成小农户对市场信号变化的敏感度低。二是产品运销能力不足。在农产品流通领域，由于农产品产区和销区脱节，单个小农户难以承担农产品流通中产生的高昂运销成本，通常以田间地头交易为主，生产的农产品并非直接面对终端消费者，而是通过大量的中间商进入市场，致使小农户无法全面了解市场价格行情进行公平竞争，从而在入市交易中处于弱势地位。三是品牌创建能力缺乏。树立品牌是提高市场竞争力、占有市场份额的重要手段。小农户虽既是生产者又是销售商，但因知识储备欠缺、品牌意识薄弱，难以做到品牌化营销以实现农产品优质优价。这些均是市场的小农排斥性的体现。

3.2　小农户和现代农业衔接的现实基础

尽管现代农业的发展要求与小农户家庭经营之间的矛盾构成我国农业现代化的一个重要难题，但是小农户家庭经营承载着浓厚的乡土文化和传统技艺，具有相对效率优势且能够适应现代农业发展。同时，现代农业发展包容多元的经营方式，加之新型农业服务主体为小农户的存续拓展了空间，这将为小农户参与现代农业发展奠定坚实基础。

3.2.1　小农户家庭经营具有相对效率优势

在现代农业发展中，小农户家庭经营享有土地生产率上的相对优势。源于农业生产的特殊性质，农业本质上包含经济再生产和自然再生产双重特性，与其他产业单一的经济再生产相比存在质的差别。一方面，农业生产依赖于土地，而土地具有空间不可移动性特征，决定了农业生产地理上的分散性，这种分散性导致农业规模经营面临着技术约束，要求发挥小农户家庭经营精耕细作的比较优势。另一方面，农业劳动对象的生命属性和自然周期性决定了其生产过程与绩效受制于自然条件,从而造成农业劳动的努力程度和产出效果之间的关系存在不确定性,使得农业生产存在高昂的监督和计量成本(黄祖辉,2013),导致激励约束机制失效和委托代理机制失灵。而小农户家庭经营所内含的自然分工、行为响应的自觉性、激励相容的自我执行机制以及所内生出来的灵活决策机制,使其在农业生产经营中具有天然的合理性和独特的组织优势(罗必良,2017)。

此外,大量的实证结果表明,农业中大生产相对小生产的优越性并不是绝对的,比起雇佣工人的劳动,土地所有者和自营职工更富有生气和充满活力(K. Otsuka et al.,2016)。在印度,经营规模不足 2 公顷的小农户,其平均每公顷耕地的纯收入是经营规模超过 10 公顷农户的 1 倍多;在巴西,经营规模不足 1 公顷的小农户,其平均每公顷耕地的纯收入是经营规模为 1~10 公顷的农场的 2 倍多,是经营规模为 200~2 000 公顷的大农场的 30 倍多。罗伊·普罗斯特曼等(1996)对 117 个国家的相关资料进行分析发现,在每公顷粮食产量最高的 14 个国家中,小农户家庭经营占主体地位的国家有 11 个。小农户家庭经营在农业生产中的比较优势除了表现在经济效益方面,还表现在社会、文化和生态等方面,小农户是保障国家粮食安全、保护农村生态环境以及维护社会稳定的重要力量。因此,家庭经营的相对效率优势为小农户和现代农业衔接提供了一定的现实基础。

3.2.2 小农户家庭经营适应现代农业发展

在家庭承包经营制下,虽然小农户家庭经营的耕地分散且规模小,与现代农业发展存在众多矛盾,但随着经济社会的发展,现今的小农户正在发生深刻的历史性变化,与传统的小农经济形态渐行渐远,已逐渐被卷入一个开放的、流动的和分工的社会化体系中来,其自身蕴含的属性不断融入现代化元素。现阶段,我国小农户处于向多重社会生产关系转化的状态,其生产方式、生活方式和交往方式日趋社会化,突破了传统小农经济形态下家庭和村落的范围界限,且与外部世界的联系日益紧密。新的生产、生活和交往要素渗入小农户的活动之中,极大地增强了小农户适应现代社会的能力以及发展现代农业的潜力(徐勇,2006)。与此同时,随着农业生产力的高度发展及小农户与外部世界的联系日益广泛和深入，专业化分工、商品化经营，以及优良品种、绿色化肥、环保农药、先进机械等现代生产要素进入农业领域，改变着小农户传统的生产方式，使小农户的经济行为发生了质的改变。主要表现在：生产资料来源日益社会化，生产过程由家庭内部分工转变为家庭内外分工，生产的产品不再只是满足家庭自身消费，而是更多进行市场交换，收入结构多元化，社会活动的半径不断扩大。这些均表明我国小农户新特征和新属性正在生成，本质上脱离了传统农业下小农经济的属性。由此进一步说明，小农户家庭经营能够适应现代农业发展，并且和现代农业发展具有相容性。

3.2.3　现代农业发展包容多元经营方式

虽然小规模、分散化的家庭经营方式在现代农业发展中存在着一定的局限性，但这并不意味着要抛弃小农户。作为农村经济的主体，小农户通过代际传承保存了农业生产知识和优秀传统文化，不仅是传承农耕文明的载体，也是乡风文明建设的载体。小农户家庭经营具有顽强的经济生命力，在农业生产过程中能够容纳不同的生产力水平。无论是传统农业还是现代农业，小农户家庭经营均是最基本的经营方式（李谷成和李崇光，2012）。在我国，地域辽阔、农业资源禀赋多样以及区域经济发展不平衡，导致了农业多形态和农产品多类型，从而决定了现代农业发展必须包容多元的经营方式，农业经营主体多样化是现代农业发展过程中的必然现象。现代农业发展涉及多个环节和不同领域，从实践观察来看，小农户、家庭农场、农民专业合作社、农业龙头企业和农业社会化服务组织等经营主体各有比较优势，其功能定位和发展空间各有适应性。鼓励、支持和促进各类经营主体相互融合、分工协作和共同发展，不仅可以使不同经营主体通过紧密合作实现功能互补，同时也可以使同一类型主体通过内部资源要素整合实现效率倍增（张红宇，2018）。因此，在现代农业发展中，发挥不同类型经营主体在农业生产不同领域中的比较优势，并建立紧密的、稳定的利益分配机制，不但有利于形成多元主体互利共赢的利益格局，而且有助于推动现代农业发展壮大，最终实现小农户和现代农业衔接的目标。

3.2.4　新型农业服务主体为小农户的存续拓展了空间

近年来，我国农村新型农业服务主体发展迅速，且其社会化服务能力显著提升，通过提供各种农业社会化服务的方式引导着小农户参与现代农业发展。新型农业服务主体以供给服务的方式将先进科技引入农业生产环节中，比如参与犁地、播种、病虫害防治和收割等生产环节（图 3.4），通过农机服务的科技引入效应和劳动替代效应，提高小农户的农业生产效率。一般而言，在犁地环节机械作业和人工作业的效果差异较小，而机械播种、机器喷洒农药相对于人工作业更加均匀，有助于农作物的生长，并且收割环节使用机械（如烘干机和收割机）能够有效提高农作物的产量和品质（胡祎和张正河，2018）。因而，新型农业服务主体为小农户提供不同类型的社会化服务可以在一定程度上弥补农业劳动力的不足，帮助小农户克服发展现代农业面临的各种内外部约束性条件，以及激发小农户农业生产积极性，进而为促进小农户和现代农业衔接提供现实基础。

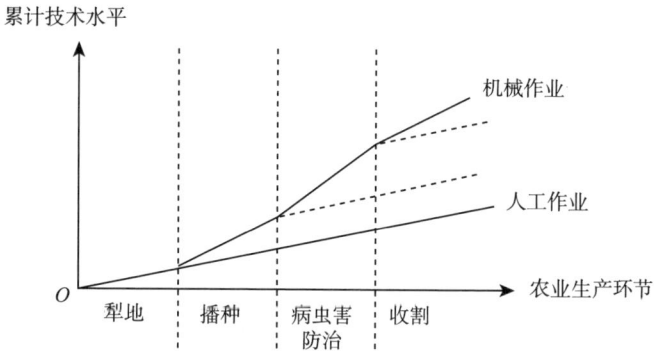

图 3.4　农业生产环节中机械和人工作业的累计技术水平比较（胡祎和张正河，2018）

在各地实践中，许多小农户采取加入农民专业合作社、购买农业社会化服务等方式，与各类新型农业服务主体共享土地承包经营权。土地承包经营权共享，既可以发挥新型农业服务主体在资源、资金、技术和管理等方面的比较优势，也可以发挥农村闲散劳动力的辅助性作用，且有利于实现农业生产的适度规模化经营，从而推动现代农业发展（赵鲲和刘磊，2016）。因此，新型农业服务主体的农业社会化服务和小农户家庭经营相结合的组织模式，不仅拓展了小农户的生存发展空间，而且为实现小农户家庭经营基础上的农业现代化创造了有利条件。

3.3 小农户和现代农业衔接的服务组织类型

现代农业是集资本、技术和管理等现代要素于一体的农业新业态，小农户家庭经营的局限性和弊端给我国现代农业发展带来了巨大压力。通过组织创新发挥新型农业服务主体的服务带动作用来破解小农户农业现代化困局，既是政策取向也是现实要求。各地实践证明，新型农业服务主体在带动小农户发展现代农业方面具有积极作用。当前我国小农户和现代农业衔接的主要服务组织类型可归纳为农业龙头企业带动型、农民专业合作社带动型和农业社会化服务组织带动型。

3.3.1 农业龙头企业带动型

作为现代农业经营组织形式，农业龙头企业相对于其他新型农业主体在技术应用、人力资本、资金供给、标准化生产和品牌建设等方面有着显著的比较优势。从世界农业发展经验看，龙头企业是现代农业经营体系中的重要组成部分，在引领小农户发展现代农业方面起到导向性作用。近年来，我国农业龙头企业在不断快速发展，市场竞争力显著提升。特别是2012年《关于支持农业产业化龙头企业发展的意见》的出台，进一步加速了龙头企业的发展。

《2018年中国新型农业经营主体发展分析报告（一）》相关数据显示，2016年，我国各类龙头企业达到13.03万家，比2015年增长了1.27%，年销售收入大约为9.73万亿元，同比增加了5.91%。其中，国家重点龙头企业有1 131家，从地区分布来看，集中分布在传统农业大省与东部沿海省份，比如山东省有85家，居第一位。同时，龙头企业在产品标准化生产及品牌化建设方面发展迅速。在认证、检疫和质检等方面，我国省级以上各类农业龙头企业投入近189亿元，2016年比2015年增加了7.29%，且70%以上的龙头企业通过HACCP、ISO9000等质量标准认证，获得省级以上名牌、著名商标荣誉的龙头企业超过50%。2016年，省级以上龙头企业的农产品转化增值能力不断提升，销售收入和主要农产品原料采购总额比值为2.58：1。并且，龙头企业在"三品一标"方面也取得了十分突出的成果。2017年，获得农产品地理标志、绿色食品、无公害农产品或有机农产品认证的龙头企业数量增长到11.78%，产品数量增加了9.84%。以黑龙江省为例，该省2017年拥有16个中国驰名商标，40个地理标志农产品。这充分显现出龙头企业在促进现代农业发展方面具有典型的示范效应。

此外，农业龙头企业在保障粮食生产、改善农业产品供给结构等方面作用突出。相关数据显示，我国农业龙头企业提供的农产品占农产品市场供给量的1/3，有效稳定了市场供应。当前，农业龙头企业主要通过"企业＋农户""企业＋基地＋农户"等组织模式来从事农产品生产、加工及销售，并与小农户形成利益共同体。根据2016年11月全国农村固定观察点对粮食主产区黑龙江、吉林、辽宁和内蒙古4省（区）60个村共3 254个农户的专项调查，忽略自家劳动力用工折扣及土地折租，由农业龙头企业带动的小农户稻谷种植亩均收益达1 224.3元[①]。这表明我国农业龙头企业在引领带动小农户发展现代农业方面具有显著的作用。

3.3.2 农民专业合作社带动型

从国外农民专业合作社发展情况来看，小农户之间进行联合与合作是增强其市场谈判能力、实现其和现代农业衔接的重要方式。我国的农民专业合作社具有集服务主体和生产主体于一身的特征（张红宇，2018），其在坚持家庭承包经营基础地位的同时，通过组织合作化形式克服小农户家庭经营的弊端。自2007年《中华人民共和国农民专业合作社法》颁布实施后，农民专业合作社数量快速增加（图3.5），从2007年到2017年7月，经登记的农民专业合作社数量由2.6万家上升至193.3万家，入社农户数量从35万户增加到11 243万户，并且2017年种植业合作社数量占比53.2%，其中38.9%为粮食型合作社。

近年来，伴随农民专业合作社内部组织结构的完善和服务功能的健全，农民专业合作社的服务内容不断覆盖农业产前、产中以及产后各环

---

① 数据来源：《2018年中国新型农业经营主体发展分析报告（一）》，土地资源网：http：//www.tdzyw.com/2018/0223/52493.html。

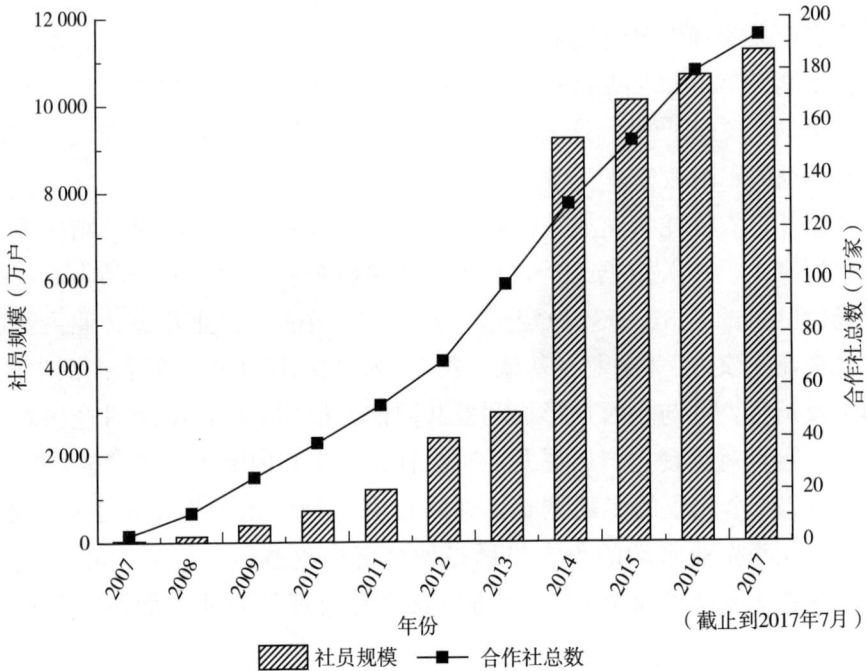

图 3.5 2007—2017 年我国农民专业合作社发展情况

数据来源：由国家市场监督管理总局统计数据汇总得到。

节，并且农产品质量安全水平和带动入社农户增收能力得到显著提升。根据《2018 年中国新型农业经营主体发展分析报告（二）》相关数据，在服务供给方面，有 87.7％的农民专业合作社为社员提供农产品销售服务，60.2％的农民专业合作社为社员提供购买农业保险服务，49.5％的农民专业合作社为社员提供农产品运输及储藏服务，41.9％的农民专业合作社为社员提供农产品加工服务，28.3％的农民专业合作社为社员提供良种引进和推广服务。此外，提供农业生产资料购买服务的农民专业合作社比重为78.8％，提供农业技术培训服务的农民专业合作社比重为 83.7％。但是，农民专业合作社为社员提供的金融服务存在明显不足，大多集中在赊销农资方面，其中能够提供融资服务的仅有 25.0％，提供内部信用合作的有26.4％，仅有 7％的合作社可以提供金融中介功能。从整体上来看，农民专业合作社在农产品销售服务供给上最充足，在为社员提供良种引进和推广服务以及金融服务方面较为欠缺。

在农产品质量安全方面，建立农产品生产记录的农民专业合作社比重为 70.0%，能够监测农产品质量安全状况的合作社比重为 67.4%，规范使用农业化学品投入的农民专业合作社比重为 66.7%。并且，有 38.2% 的农民专业合作社建立了农产品质量安全追溯体系，能够实施标准化生产和服务的农民专业合作社有 43.7%。

在带农增收方面，带动入社农户户均增收低于 2 000 元的农民专业合作社仅为 18.1%，2 000～4 000 元的比例为 40.2%，4 000～6 000 元的占比为 16.9%，超过 6 000 元的达到 24.9%。并且，大多数农民专业合作社还通过分红和二次利润返还方式促进农户增收，在接受调查的农民专业合作社中，近 3 年进行过分红的占比达到 71.7%，对社员农户实施过二次利润返还的占比有 48.3%[①]。

由此可见，作为农村经济中的重要组织载体，农民专业合作社在促进小农户和现代农业衔接中发挥着主力军的作用。

3.3.3　农业社会化服务组织带动型

当前，农业社会化服务组织的出现有效缓解了农村人力资本弱化对农业生产经营质量的影响。农业社会化服务组织与小农户建立市场契约关系，利用其专业的技术人员、现代化的农业机械设备，为小农户提供病虫害防治、施肥、农机作业等多方位的社会化服务，从而推动农业领域的专业化分工、标准化生产以及集约化经营。特别是近年来我国安徽、山东和江苏等地区出现的"土地托管""联耕联种"等农业社会化服务模式（表 3.6），农业社会化服务组织在其中发挥着关键性作用。

表 3.6　农业社会化服务典型模式

项目	土地托管	联耕联种
形成机制	农村青壮年劳动力大量外流导致农村人力资本弱化，村社借助其组织动员优势将分散经营的小农户的农业生产活动整合起来，实现规模经营，再用农业社会化服务组织提供社会化服务的方式将现代生产要素引入小农户农业生产中	

---

① 数据来源：《2018 年中国新型农业经营主体发展分析报告（二）》，搜狐网：http://mt.sohu.com/20180224/n531452524.shtml。

（续）

项目	土地托管	联耕联种
经营权关系	小农户保留土地经营权	小农户保留土地经营权
风险分担机制	小农户和服务组织共同承担	小农户和服务组织共同承担
利益分配机制	小农户支出服务费，获取全部农业经营收入；服务组织获取服务费或部分农业经营收入	小农户支出服务费，获取全部农业经营收入；服务组织获取服务费
代表性地方	安徽、山东	江苏

从农业社会化服务典型模式来看，无论是土地托管还是联耕联种，均是在小农户对土地承包经营权不变的基础上，由小农户根据享受服务的多少支付相应的服务费，服务组织的收益则主要来源于服务费，并且农业生产风险由小农户和服务组织共同承担。在该模式下，农业社会化服务组织不仅满足了农村劳动力转移和分化导致的农业对各类社会化服务的需要，而且促进了小农户增收，为实现小农户和现代农业衔接提供了一条切实可行的路径。

截至 2016 年，我国各类农业生产托管服务组织达到 22.7 万个，服务农户 3 656 万户，采用综合托管系数估算的托管服务土地面积达到 2.32亿亩。此外，我国农机跨区服务作业已成为世界范围内满足小农户农机需求以及农机高效利用的典范（张红宇，2018）。在粮食主产区，据相关统计，截至 2017 底，山东省农业生产托管服务面积超过 3 200 万亩，综合托管率约 20%。安徽省农业生产托管服务组织达到 1.8 万个，粮食作物托管服务面积为 2 890 万亩，服务小农户近 400 万户。农业社会化服务组织通过提高农事作业效率以及机械替代人工的方式为小农户农业生产释放出巨大的利益空间。以土地托管为例，相比小农户自己耕种，土地托管有效降低了生产成本、提高了粮食种植收入，效益显著提升。以小麦为例，农户自种小麦每亩产值 1 100 元，投入成本 960 元，效益为 140 元。而土地托管后，小麦每亩投入成本 620 元，产值为 1 250 元，效益达到 630 元。可见，土地托管后的效益比农户自种时的亩均效益高出 490 元，增加了3.5 倍（表 3.7）。这充分显示出我国农业社会化服务组织在服务小农户以及促进小农户和现代农业衔接中发挥着十分突出的带动作用。

表 3.7 农户自种与土地托管种植效益比较

单位: 元/亩

品种	农户自种			土地托管			效益增加
	投入	产值	效益	投入	产值	效益	
小麦	960	1 100	140	620	1 250	630	490
玉米	880	1 210	330	603	1 375	772	442
水稻	860	1 100	240	610	1 265	655	415

数据来源: 刘守英等《山东供销社试验: 服务规模化与农业现代化》, 载《中国改革》2016 年第 6 期。

3.4 本章小结

本章以小农户和现代农业衔接为考察对象, 分析了小农户和现代农业衔接的现状和现实基础, 并总结了实践中存在的主要服务组织类型。从描述性统计分析来看, 现阶段我国小农户具有数量大且结构特征差异显著、兼业化程度高且趋于分化, 以及土地经营规模小且劳动生产率低等典型特征。而现代农业发展的特征为: 农业生产力不断提高促进农业现代化水平提升、现代化学物投入不断下降驱动农业发展动能转换以及新型农业经营主体不断涌现提高农业产业化经营水平。现代农业发展与小农户家庭分散经营之间的矛盾构成了小农户和现代农业衔接的实践困境。尽管如此, 小农户和现代农业衔接仍具有现实基础, 体现为: 小农户家庭经营具有相对效率优势; 小农户家庭经营适应现代农业发展; 现代农业发展包容多元经营方式; 新型农业服务主体为小农户的存续拓展空间。进一步的实地考量表明, 发挥新型农业服务主体的服务带动作用有助于破解小农户农业现代化的困局。当前我国小农户和现代农业衔接的主要服务组织类型可归纳为农业龙头企业带动型、农民专业合作社带动型和农业社会化服务组织带动型。本章的研究价值在于为后文从理论和实证角度分析小农户和现代农业衔接的服务组织模式提供基础和依据。

第4章 小农户和现代农业衔接的服务组织模式：理论刻画

根据第3章分析，尽管当前小农户和现代农业衔接还存在众多约束，但是从事农业社会化服务的新型农业服务主体为小农户发展现代农业提供了新的空间。新型农业服务主体的服务带动，不仅可以激发小农户家庭经营的生命力，而且有助于破除小农户和现代农业衔接的制约因素，使小农户生产经营现代化成为可能。小农户家庭经营和新型农业服务主体农业社会化服务相结合的组织模式，在我国已形成多元化实践路径，即各地出现了小农户和现代农业衔接的不同服务组织模式类型。然而，目前学术界对不同服务组织模式所蕴含的内在机理还缺乏科学的认识。因此，迫切需要从理论层面对小农户和现代农业衔接的服务组织模式进行剖析。本章在界定模式类型以及模式评价基准的基础上，借鉴产业组织理论"结构—行为—绩效"SCP范式，试图构建一个新的理论框架，从经济学角度对小农户和现代农业衔接的服务组织模式进行系统的理论分析，以期对小农户和现代农业衔接的服务组织模式研究有清晰的理论把握。本章结构安排如下：第一部分介绍服务组织模式的分类与内涵；第二部分探析服务组织模式绩效的评价基准；第三部分从理论层面论述小农户和现代农业衔接服务组织模式的内在机理；第四部分为三种服务组织模式绩效的比较及理论假说；第五部分为本章小结。

4.1 服务组织模式的分类与内涵

现阶段如何实现小农户家庭经营现代化成为我国现代农业发展的主要

问题，通过创新服务组织模式进而更好地提供社会化服务来克服小农户家庭经营的局限和弊端，是实现小农户和现代农业衔接的重要路径。在服务组织模式的探究中，当前学术界进行了不同类型的划分。例如，张海鹏和曲婷婷（2012）从小农户视角探讨现代农业发展模式选择，将农地经营模式划分为传统的小农户经营模式、农业企业经营模式和农业合作经营模式。李霖和郭红东（2017）根据小农户与下游组织（合作社、公司和批发商等）之间相互作用的联结机制，将组织模式分为完全市场交易模式、完全横向合作模式、部分横向合作模式以及纵向协作模式。叶敬忠等（2018）按照个体型特性、组织型特性和关系型特性的主体维度将小农户和现代农业衔接的模式类型归纳为：农户自主联合型、中小规模新农民型、新农人＋小农户型、合作社带动型、公司＋农户型、市场对接型、城乡对接型和农业社会化服务型。黄祖辉（2018）从现代农业角度将组织类型划分为农户家庭经营组织、公司与企业组织和农民专业合作社组织。郭庆海（2018）根据服务组织载体的差异性，将小农户和现代农业衔接的组织载体分为市场服务组织、农民服务组织和产业服务组织。在诸多服务组织模式中，徐旭初和吴彬（2018）认为农民专业合作社是小农户组织化的核心载体，在促进小农户和现代农业衔接中具有适用性和合意性。从上述研究来看，目前学者们对服务组织模式类型的划分多是基于主体维度，缺少从实现机制角度进行分类。

为此，本书通过梳理上述文献，基于现有的小农户和现代农业衔接的典型服务组织类型，结合实地调查，根据不同服务组织模式实现机制的差异，将粮食主产区小农户和现代农业衔接的服务组织模式总结为以下三类：产业服务组织模式、合作服务组织模式和市场服务组织模式。其中，产业服务组织模式是指以农业龙头企业为引领，以农产品生产基地为桥梁，通过商品契约和要素契约相结合的方式将分散的小农户纳入农业产业链的一体化服务形式；合作服务组织模式是指以小农户自愿联合成立或参与的农民专业合作社为基础，通过发挥合作社多元化服务功能，以商品契约的方式将分散的小农户融入现代农业发展过程中的一种内部化服务形式；市场服务组织模式是指以农业社会化服务组织为纽带，通过农业社会化服务组织的有偿服务供给，并以商品契约方式将小农户卷入社会化分工，促进小农户参与现代农业发展的一种市场化服务形式。

4.2 服务组织模式绩效的评价基准

在小农户和现代农业衔接的服务组织模式中，不同的服务组织模式通常会产生不同的运行绩效。建立恰当的评价基准，是科学评估不同服务组织模式运行绩效的重要基础。本书建立服务组织模式绩效评价基准主要基于以下考虑：一方面，小农户是我国农业经营主体，在现代农业发展中实现好小农户的福祉，让广大小农户拥有更多安全感、幸福感和获得感，是国家政策的基本指向之一。因此，小农户和现代农业衔接的服务组织模式应当能够有效提高小农户的福利水平。根据阿玛蒂亚·森（2002）提出的"可行能力"（capability）理论，不同服务组织模式下小农户福利改善情况可用其已实现的功能性活动来评价，故本书选取经济收益和服务满意度评价不同服务组织模式下小农户的福利水平。另一方面，实践中无论推行哪种服务组织模式，都必须遵循国家粮食安全和耕地保护的制度内核和基本要求，为此，以耕地保护和粮食安全评价不同服务组织模式下的国家政策目标。后文在界定评价基准的基础上（图4.1），对不同服务组织模式的绩效进行评价，并由此进一步探讨小农户和现代农业衔接的服务组织模式未来可能改进的方向。

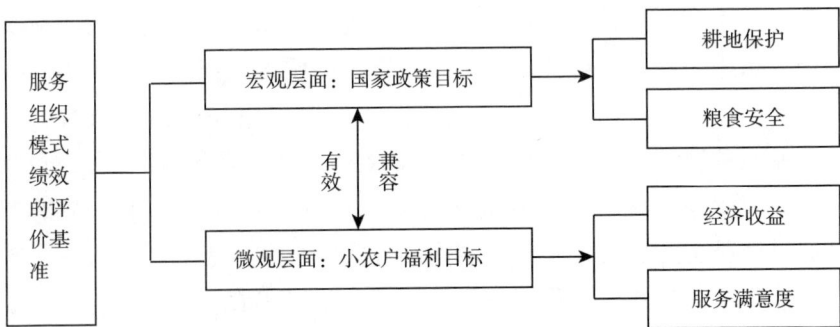

图 4.1 服务组织模式绩效的评价基准

4.2.1 国家政策目标

①耕地保护。耕地不仅是国家的重要资源，也是稳定经济社会发展秩

序、保障粮食安全、促进生态平衡、推动现代农业发展的基本物质条件。同时，耕地还承担着小农户家庭就业、提供农业经营收入的职能，是小农户家庭生计不可缺少的生产和生活资料。因此，耕地资源的多功能性决定了其价值的多元化，具体表现为经济产出价值、财产收益价值、社会保障价值、粮食安全价值和生态安全价值等。小农户是我国农业生产经营的重要主体，其耕地保护行为是推动农业现代化的关键因素。然而，小农户受到内在因素和外在因素的约束，其耕地资源在使用过程中存在适度性失衡现象，农田生态功能退化、土地产出率降低和农产品品质安全等问题日益突出。根据全国第二次土地调查数据，我国中重度污染耕地已超过 5 000 万亩（刘彦随和乔陆印，2014），其中农业生产过程中化肥的过度施用是造成耕地污染的主要原因之一。尽管我国政府采取了一系列政策措施来减少化肥施用量、保护耕地资源，但是治理耕地污染是一项复杂的系统工程，既需依靠政府行为，也需依靠小农户行为（孔凡斌等，2019）。因此，在促进小农户和现代农业衔接中，耕地保护是一项重要的评判标准。

②粮食安全。粮食不但是人类生存的保证，也是经济发展和社会和谐的重要基础。粮食安全是国家安全的关键组成部分（胡岳岷和刘元胜，2013）。我国"人多地少"的基本国情与"田散地瘦"的典型农情决定了粮食安全问题是政府需要长期关注的首要问题。党的十九大报告强调，确保国家粮食安全，任何时候都必须把饭碗牢牢端在自己手中。尽管 2015 年我国粮食产量实现了"十二连增"，但实质上是在某种程度上将粮食供需问题转化为粮食供给结构性矛盾。并且，近年来伴随城镇化、工业化的深入推进，非农就业收入日益增加、土地流转租金刚性上涨，导致小农户种粮的综合收益普遍相对较低，粮食生产经营面临新的挑战。集中表现在：传统生产模式不断瓦解和保障粮食安全之间的矛盾、粮食生产成本上涨和粮价下降之间的矛盾、粮企原料需求本地化和供给能力缺乏之间的矛盾、消费需求升级与生产方式落后和生态恶化之间的矛盾、粮食产业化与服务不足和支持政策偏差之间的矛盾（郭晓鸣和虞洪，2018）。因此，就国家政策层面而言，在现代农业发展中，无论制度环境发生何种变化，提高粮食安全保障能力都是评判小农户和现代农业衔接的服务组织模式绩效的重要依据。

4.2.2 小农户福利目标

①经济收益。小农户经济利益的提高是其福利水平增进的核心。在现代农业发展中，小农户和新型农业经营主体是长期并存的。相比新型农业经营主体，小农户虽然人数众多，但生产规模小、资源要素整合能力差、抗风险能力弱，人力资本、社会资本和物质资本相对偏低，利益表达机制缺失，这些比较劣势不仅加剧了小农户的边缘化，而且制约了小农户收入的可持续增长，可见现代农业发展中小农户所处的弱势地位，这更加凸显了小农户经济利益保护的严峻性。促进小农户和现代农业衔接，只有引导和服务小农户，将其精耕细作的经营方式和丰富的生产经验与现代生产要素结合，转变其传统经营方式，提高小农户在市场竞争中的谈判地位与议价能力，才能切实保障其收入平稳、快速增长，从而增强小农户发展现代农业的能力，使其和现代农业发展相适应。因此，在小农户和现代农业衔接的服务组织模式中，需要以提高小农户的经济收益作为绩效评价的准则之一。

②服务满意度。小农户和现代农业衔接，既要靠小农户自身能力的提升，更要靠相关服务组织的服务带动，其衔接的关键在于服务组织如何高效地满足服务需求侧小农户的农业社会化服务需求。小农户对服务组织提供的农业社会化服务的满意度，反映了其对服务数量和质量认可程度，这也是衡量小农户福利水平的重要标准。在现代农业发展中，服务组织是推动小农户和现代农业衔接的桥梁，其具备资源禀赋优势，有利于提升农业生产的专业化、现代化水平，降低农业劳动强度，从而破除外在约束条件对小农户发展现代农业的限制。因此，服务组织为小农户家庭经营提供完善的农业社会化服务，不仅能够激发小农户农业生产的活力和动力，而且能够有效推动小农户和现代农业衔接。在服务供给中，小农户对服务组织农事作业服务质量的认同感和主观幸福感会影响小农户的服务需求，进而影响小农户和现代农业衔接的效果。因此，服务满意度是评价小农户和现代农业衔接服务组织模式绩效的重要维度。

4.3 小农户和现代农业衔接的服务组织模式：理论分析

在产业组织理论中，典型的"结构—行为—绩效"（SCP）理论范式深刻地揭示了企业的市场结构、企业的市场行为以及企业的市场绩效三者之间的内在关联，探讨了产业组织活动的运行规律，因而该理论范式在产业组织分析中有着十分重要的地位，并得到了广泛应用和推广。故将SCP理论范式引入农业组织模式的经济学分析中同样具有重要的借鉴价值。然而，农业内在属性的特征使得农业经营主体的生产经营行为与一般企业的市场行为存在明显差异，并且，就农业产业组织本身而言，其市场结构不同于SCP理论范式下的市场结构，如果完全借用SCP理论范式，必然降低适用性。因此，将SCP理论范式运用到农业组织模式的分析中，需要对其进行适当的改进。在小农户和现代农业衔接的服务组织模式中，由于不同的服务组织模式具备不同的制度特征，这里的制度特征不仅指契约结构，还包括产权关系和主体间的博弈地位。当制度特征不同时，其隐含的实现机制也不同，从而会影响各参与主体的行为，并导致组织绩效不同。鉴于此，本书在借鉴SCP理论范式的基础上，提出了"制度特征—实现机制—运行绩效"理论分析框架，以产业服务组织模式、合作服务组织模式和市场服务组织模式为研究对象，探究三种服务组织模式的制度特征、实现机制和运行绩效。

4.3.1 产业服务组织模式：制度特征—实现机制—运行绩效

产业服务组织模式最早源起于20世纪80年代我国东部地区的大城市郊区，表现为产加销一体化和农工商一体化等形式，90年代中期在国家政策的大力支持下进入快速发展阶段，并逐渐覆盖全国，呈现出"龙头企业＋基地＋农户"的主要特征，一定程度上解决了小农户农产品市场进入问题，成为小农户参与现代农业发展的重要途径。产业服务组织模式强调农资供应，农产品生产、加工和销售等各环节紧密联结的一体化，通过各环节之间的相互协作与协调来提高整个农业产业链的运行绩效和效率（图4.2）。在产业服务组织模式中，龙头企业为满足生产原料供给和达到农产品质量标准的需要，与小农户签订购销和服务合同，界定与明晰双方的权利和义务，从而建立双方之间的利益联结机制。实践中无论表现为何种形式，龙头企业在整个产业链中均处于主导地位，发挥着引导小农户和现代农业衔接的功能。

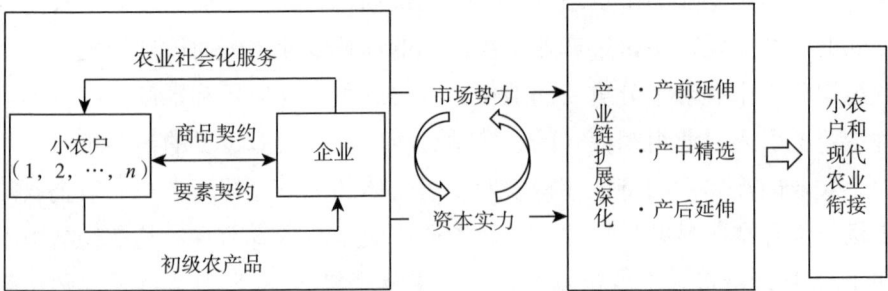

图 4.2　产业服务组织模式的理论框架

(1) 产业服务组织模式的制度特征

其一，商品契约和要素契约的结合。在产业服务组织模式中，契约在整个农业生产环节中发挥着至关重要的作用，不仅是商品契约，还有要素契约。商品契约是龙头企业和小农户之间就有关农产品和农业社会化服务的交易所达成的相关协议，例如小农户向龙头企业销售初级农产品以及龙头企业为小农户提供生产性服务和经营性服务等现代农业服务。事实上，商品契约是将双方之间存在的风险和获取的收益集中到所交易的初级农产品和农业社会化服务上。一般而言，小农户按照购销合同所规定的农产品数量要求与质量标准提供初级农产品；企业按照服务合同为小农户提供投入品、统一配方施肥以及农药残留检测等社会化服务，并按照协议中的预期价格统一收购小农户生产的初级农产品。因而，该模式下小农户无须承担农产品市场销售风险，获得了稳定的经营收益，同时企业实施产业化经营能够有效监控整个农业生产过程，确保农产品生产规模和质量，降低农产品购买的市场交易成本以及规避农产品原料供应风险。

要素契约方面，龙头企业利用村社（或乡村能人）的统筹能力来组织统一生产将小农户的耕地转化为农产品原料基地，以及将小农户的生产环节转化为企业产业链条上的初级环节，以控制整个农业生产环节实施农业产业化经营。因而，该模式本质上为垂直一体化组织（郭晓鸣等，2007）。

其二，产权关系明确。从产权角度来看，该模式中龙头企业和小农户之间的产权关系较为清晰。小农户和龙头企业是通过签订合同来合作，相互之间具有较强的独立性。一般而言，小农户独立拥有劳动等生产要素，可以自由支配自身的劳动数量和劳动时间，而龙头企业掌握着经营决策权。如果将小农户承包地的经营权划分为种植决策权、经营管理权和产品处置权（赵鲲和刘磊，2016），那么小农户必须按照龙头企业的规定，确定种什么、怎么种以及产品如何销售。因此，在产业服务组织模式下，小农户和龙头企业之间的产权领域明确。

其三，博弈地位不对等。 在产业服务组织模式中，龙头企业相对于小农户而言不仅谈判能力强，而且具有市场信息优势，对市场信号变动的敏感度高，其生产经营行为通常根据市场运行机制来进行调整。而分散经营的小农户由于知识匮乏和信息缺失，对市场信号变动的敏感度低，且难以预期未来市场的变化趋势。同时，小农户与龙头企业之间存在着信息不对称，小农户无法预期龙头企业可能采取的博弈策略。因此，产业服务组织模式下龙头企业的强势谈判地位一方面体现在对契约条款的设置和规定上，另一方面表现在对小农户的权利限制上，本质上表现为龙头企业对双方合作盈余分配的主导权控制（邓宏图和马太超，2019），这最终会导致小农户的利润空间被挤压，难以实现实质性的增收。

（2）产业服务组织模式的实现机制

在产业服务组织模式中，实现小农户和现代农业衔接的机制主要如下：

首先，借助于龙头企业的市场势力和资本实力优势，促进农业产业链的扩展深化。 根据传统农业改造理论，小农户和现代农业衔接不仅依赖于自身能力的提升，也依赖于现代农业服务的供给。资本性、技术性和风险性是现代农业服务的三大属性要素。其中，资本性强调现代农业服务对于资本的依赖程度；技术性强调现代农业服务对于相关技能或专业知识的需求程度；风险性强调现代农业服务所面对服务风险的大小（徐旭初和吴彬，2018）。从实现小农户和现代农业衔接的角度看，在产业服务组织模式中，龙头企业具备提供现代农业服务的能力，这种能力源自其市场势力和资本实力。市场势力是一种综合、动态的竞争力，主要指市场主体通过组织变革、产品差异化、技术创新和品牌效应等策略手段来获取市场的控制地位以及获取竞争性盈利的能力（周月书和王婕，2017）。在现代农业发展中，龙头企业在先进技术研发、品牌建设和营销渠道等方面具有显著的比较优势，其市场势力相对于其他农业经营主体更强。同时，龙头企业自身具备较强的资本实力。这种资本实力表现为龙头企业能够担负起组建技术服务队伍的支出以及购买先进生产要素（如现代化的机械设备）所需的流动资金等，不受资本、技术、管理能力和销售渠道等诸多因素的限制。因此，在市场势力和资本实力的双重作用下，龙头企业具有提供现代农业服务的天然优势。此外，龙头企业的市场势力和资本实力不是各自独立的，而是相互影响的，体现在：龙头企业的市场势力越大，越有利于提高其资本实力；龙头企业的资本实力越强，越有利于扩大其市场势力。在实现小农户和现代农业衔接的过程中，龙头企业的市场势力和资本实力二者共同作用会促进农业产业链条的扩展深化。因此，产业服务组织模式的动力机制为龙头企业市场势力和资本实力的相互耦合。

其次，通过农业产业链的扩展深化，促进小农户和现代农业衔接。兼具市场势力和资本实力的龙头企业，在农业产业链中拥有较高的资金投入水平、现代技术应用水平以及较强的市场风险和自然风险预防和抵抗能力，这有助于龙头企业扩展深化农业产业链条，向产前、产后环节双向延伸以及做好产中环节精选。分散经营的小农户受传统耕种习惯、技术和成本的约束，农产品品质难以得到有效保证。龙头企业为了获取数量较为稳定、质量可信赖的农产品原料，以生产基地为纽带，把分散经营的小农户组织起来，通过培育良种向产前延伸、品牌建设和产品营销向产后延伸，以及优化农业生产过程做好产中精选，确立在生产资料供应、农业社会化服务供给和农产品收购等方面的联结机制，从而形成了资金融合、资产融合、品牌融合和服务联合（蔡海龙，2013）。在产业服务组织模式中，小农户遵循龙头企业统一的生产方案和技术规范，形成较大规模的农业生产作业；龙头企业则以经营管理者的身份参与并控制整个农业生产经营过程，发挥自身的市场势力和资本实力优势，使现代生产要素向农业生产环节广泛渗透，为小农户农业生产提供高质量的投入品，帮助小农户提高农产品质量。同时，龙头企业还通过垂直整合的方式对农业产前、产中环节进行监管约束，对产后环节进行质量检测，统一质量标准来保障农产品质量安全，提高农产品生产效益，进而提升龙头企业的货币化产出水平。

综上，从促进小农户和现代农业衔接的角度来看，在产业服务组织模式下，龙头企业通过扩展和延伸产业链的方式至少在两个方面带动了小农户发展现代农业：其一，现代生产要素的投入。在现代农业发展中，小农户虽拥有用于农业生产的劳动力和土地要素，但缺乏资金、先进技术、市场信息和管理知识。在产业服务组织模式下，通过龙头企业的现代农业服务供给，小农户可以分享现代生产技术和机械设备创造的利益。其二，农业生产过程的标准化和规范化。现代农业是规模化和标准化的新型农业。分散经营的小农户通过与龙头企业合作，在统一的生产安排和质量监管下，解决了农业生产规模化、标准化和科学化的难题。因此，产业服务组织模式符合当前现代农业发展的内在要求，为促进小农户和现代农业衔接提供了一条重要路径。

（3）产业服务组织模式的运行绩效

从国家政策目标来看，产业服务组织模式有利于发挥龙头企业的市场势力和资本实力优势，从而扩展深化农业产业链条。龙头企业可通过产前、产后环节双向延伸以及产中环节精选，促进优良品种、科学施肥和环保农药等现代农业科技的采用，改善农产品的品质结构和品种结构，较好地保障粮食安全和改善土壤品质。在调查中发现，龙头企业有动力将环境效应纳入其行为选择中，尤其在应用绿色技术方面，不仅注重通过发展有机生产来减少化肥、农药施用，而且还采取其他相关生态保护措施。因此，产业服务组织模式的发展有利于国家政策目标的实现。

就小农户福利目标而言，在产业服务组织模式中，龙头企业通过扩展深化农业产业链，使得小农户获得了产前、产中和产后各种农业社会化服务，一定程度上满足了其服务需求。同时，现代农业技术的推广应用和农产品质量标准的提高，有利于降低小农户的技术投入成本和生产经营风险，扩大小农户农业生产经营收入的提升空间。但是，这种福利水平的增进存在着局限性。在该模式中，无论是经营决策权还是利益分配权，龙头企业均占有支配地位且具有明显的垄断性，小农户实质上是企业的"合同工"（李世杰等，2018）。从经营决策权来看，小农户被企业选择、被企业定价，决策参与权和服务需求被抑制，导致企业的服务供给与小农户的服务需求脱节，从而降低了小农户的服务满意度和农业生产的积极性。从利益分配权来看，龙头企业和小农户之间的关系近似买方垄断的短期利益联盟，即小农户负责生产初级农产品，而龙头企业利用自身的资源禀赋优势控制整个农业产业链条。这意味着龙头企业获得大部分合作剩余，可以得到更多的利润，而小农户获取的货币化剩余通常仅是极其有限的保护价让利。就短期来看，小农户与龙头企业各得其所，获得了双赢的结果；但从长期来看，二者之间不对等的博弈地位，为龙头企业借助优势地位操控协议价格提供了便利，导致小农户处于价值链分配的边缘地位。这种企业偏向型的利益分配机制，不仅会侵蚀小农户的经济利益，而且影响产业服务组织模式的长期稳定运作（李世杰等，2018）。因此，产业服务组织模式还需改善龙头企业和小农户之间的利益关系以及双方的博弈地位，以便更好地促进小农户和现代农业衔接。

4.3.2 合作服务组织模式：制度特征—实现机制—运行绩效

合作服务组织模式为小农户自愿联合成立或参与农民专业合作社（后文简写为"合作社"）的一种内部化服务形式。我国早期的合作组织形式是 20 世纪 80 年代的专业合作社、农民专业技术协会等，2007 年《中华人民共和国农民专业合作社法》的颁布实施推动了合作社的快速发展。与产业服务组织模式相比，合作服务组织模式中合作社提供的服务具有农民自我服务的特征，属于一种内部制度安排。作为一项组织制度创新，合作社通过构建内部的科层管理结构将市场外部交易转化为组织内部交易，使农业生产各环节产生的经济剩余保留在组织内部。同时，合作社通过小农户入社的方式来加强内部社员资源要素的共享并发挥集体行动的规模优势，形成了小农户和现代农业衔接的动能机制（图 4.3）。在合作服务组织模式中，解决单个小农户独立生产经营面临的问题是合作社服务的核心，提高小农户经济收益且增进其福利是合作社组建的逻辑起点。这种模式对合作社的服务能力要求较高。

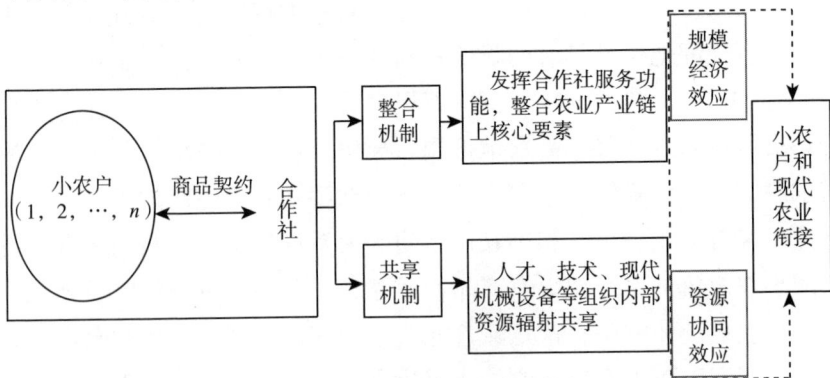

图 4.3　合作服务组织模式的理论框架

（1）合作服务组织模式的制度特征

其一，商品契约为主。 作为所有者和惠顾者同一的组织形式，合作社与社员小农户之间交易的商品契约是合作社生存与发展的基础。在合作服务组织模式中，商品契约表现为：合作社与社员小农户之间就农产品和服务的交易所达成的相关协议，例如社员小农户通过合作社来购买生产资料和销售农产品，同时合作社为社员小农户统一提供农资服务、农机服务和技术培训等。在实践中，部分社员小农户与合作社之间除了有商品契约的联结，还有要素契约的联结，即社员向合作社投入相关的生产要素。在合作服务组织模式中，商品契约是合作社按照与社员小农户之间的交易额来分配盈余的关键，合作社通过盈余分配的方式实现对专用性资产以及企业家才能等要素投入的监督，从而形成对要素契约的治理（崔宝玉和刘丽珍，2017）。因而，契约形式的选择会对合作剩余的分配以及相关权益的保护产生重要影响。

其二，产权关系模糊。 由于合作社具有统分结合的特征，既有家庭承包经营基础上的独立、分散经营特点，也有相应的组织、协调和统一能力。在合作服务组织模式中，小农户自愿联合成立或参与合作社进行农业合作生产经营，意味着社员小农户和合作社之间达成一项互惠协议，在该协议框架内，双方之间有明晰的权利义务关系，合作社负责为社员小农户提供农业社会化服务，社员小农户按照约定向合作社履行惠顾义务的同时，也保持家庭经营的独立性。亦即，社员小农户既要自己管理自家承包地，同时也须按照入社协议与合作社共享土地经营权，遵守合作社的规定实行部分或全部生产经营环节的统一，例如统一农资、统一技术和统一销售等。因此，在合作服务组织模式下，合作社的产权领域是模糊的，产权公共域较大。同时，共享土地经营权的产权关系为社员小农户集体行动以获取规模优势提供了基础，但也造成了合作社内部的高组织成本。

其三，博弈地位平等。 在合作服务组织模式中，从合作社内部成员来看，社员小农户的生产规模和投资能力相似、博弈能力相当。虽然合作社大多由具有传统权威或组织资源的乡村干部、有农业技术特长的农技人员以及农业生产经营规模较大的种植大户发起并承担主要职务，但合作社内部关系治理机制在一定程度上能够有效抑制这种博弈能力的悬殊。我国合作社基本源起于乡村社会，乡村社会是熟人关系社会，合作社全体成员一般处于同一地域范围（例如同一村镇）内，彼此之间较为熟悉，这种基于熟人关系形成的信任机制和信誉机制强化了合作社内部的履约机制，加之合作社内部治理章程以及入社协议的约束，社员间的博弈关系相对均衡，因而这种模式具有较强的稳定性与紧密性。

（2）合作服务组织模式的实现机制

整合机制和共享机制是合作服务组织模式促进小农户和现代农业衔接的关键。具体表现为：

其一，在合作服务组织模式中，合作社通过整合农业产业链上的核心要素，发挥规模经济效应促进小农户和现代农业衔接。虽然小农户家庭经营所内含的自然分工、行为响应的自觉性、激励相容的自我执行机制以及所内生出来的灵活决策机制，使其在农业生产经营中具有天然的合理性和独特的组织优势（罗必良，2017），但在现代农业发展方面还存在众多的劣势。作为具有要素整合功能的服务组织载体，合作社通过提高小农户农业生产经营的组织化程度，将小农户家庭分散经营行为转变为组织化行为，从而改变小农户传统的农业耕作方式，且优化小农户家庭生产经营的客观条件。在保持小农户家庭经营效率的基础上，合作社能够通过发挥多元化服务功能，将农产品产前、产中和产后等各个环节联合成统一的整体，推动农业产业链上核心要素的整合，从而避免专用性资产投资不足的问题，以及提高农业生产要素的配置效率。从要素整合特征来看，在产前阶段，合作社向社员小农户统一提供良种、化肥和农药等生产资料购买服务，有利于降低交易费用和增加规模收益；在产中阶段，合作社向社员小农户统一提供生产技术和管理等服务，有利于推动农业现代化生产；在产后阶段，合作社向社员小农户统一提供农产品销售服务，有利于降低市场风险、提升小农户收入。因此，农业产业链上核心要素整合的效用在于发挥小农户集体行动的优势，实现规模经济效应。亦即，一方面，分散经营的小农户加入合作社，在合作社统一的社会化服务供给下，汇集成较大规模生产，使一些不可分割的生产要素（例如联合收割机和大马力拖拉机等机械技术）进入小农户生产过程中，有助于提高农业生产效率，获取内在规模收益；另一方面，小农户通过集体行动在外部市场上形成一个具有较大规模的市场主体，有助于改变单个小农户的市场弱势地位，增强整体议价能力，获取外在规模收益。

其二，合作社通过共享组织内部人才、技术和现代机械设备等资源，发挥资源协同效应促进小农户和现代农业衔接。伴随新品种和新科技的推广使用，农业生产对劳动者的技能要求越来越高。但是，从当前滞留于农村的劳动力特征来看，老龄化和妇女化趋势明显。身体机能、知识储备和专业素质等方面的劣势使其难以驾驭现代农业生产技术和先进机械设备。合作社通过发挥农村能人的知识溢出效应，缓解农村人力资本弱化对农业生产效率的负面影响。当前在合作社内部，领办合作社的农村能人主要是拥有传统权威或组织资源的乡村干部、拥有农业技术特长的农技人员以及农业生产经营达到一定规模的种植大户。这些农村能人具备较高的技能水平和丰富的务农经验，对育秧、测土配方施肥、科学除草和病虫害防治等环节的现代农业技术具有良好的掌握能力和应用能力，有助于促进先进科技的推广和应用，可以发挥知识溢出效应、示范带动效应以及社会组织效应，提高农业生产的科学化水平。同时，随着农业生产力的发展，农业机械化作业释放了大量农业劳动力，但对小农户而言，农机有限的使用频率必然造成投资低效率。合作社通过发挥组织功能将分散的生产要素进行集中、整合，促使核心生产要素在更大范围内获得充分利用，实现要素资源的辐射共享，破除单个家庭小规模分散经营的禀赋约束，减少农业投资低效率损失，使得社员小农户共享现代化生产要素，提高要素利用率，降低资产专用性成本，从而带来了更为显著的范围经济。

因此，在合作服务组织模式中，合作社作为一种独特的服务组织，基本功能体现为通过要素整合和资源共享，为社员小农户提供有效的自我服务，以克服单个小农户的生产弱势和市场弱势，这无疑为小农户和现代农业衔接提供了一条重要路径。

（3）合作服务组织模式的运行绩效

从合作服务组织模式发展的实践来看，其是以小农户互助为基础的合作模式，在我国农村土地集体所有制的背景下，发展以农民自愿（参与或组建）为前提的合作社，有利于实现家庭分散经营与规模化服务的对接。合作社通过统一良种、统一田间管理以及统一机械作业等多元化服务供给，推动农业生产的规模化、标准化和机械化，这对于保障粮食安全和保护耕地具有重要的现实意义。但是，囿于我国合作社发展总体上还处于初级阶段，在实践中小农户自办合作社面临众多的约束性条件。作为弱势群体的互助合作组织，合作社受自身规模、经济实力和融资能力等因素的制约，综合服务功能不强，难以保证自有资本、技术、管理与现代农业发展所需的现代化生产要素有效匹配，不利于实现服务规模化。调查结果显示，目前除少数资产实力雄厚的合作社外，大多数合作社承受较大的农业生产经营压力，无法向社员小农户提供完善的社会化服务，影响了农业生产效率的提升。并且，部分合作社为了缓解生存压力，甚至已萌生改种经济作物的念头，非粮化倾向加剧，这无疑与国家粮食安全目标相背离。同时，该模式下虽然入社协议规定社员统一开展相关农事作业，但社员小农户合作的有效性有限，在利益的驱动和诱导下，社员不遵守惠顾义务的机会主义行为普遍存在，致使合作社的内部组织成本高昂。

就小农户福利目标而言，在合作服务组织模式中，小农户作为合作社所有者中的一员，不仅能够直接参与合作社的内部分红，而且可以依托合作社统一市场行动，进而提高经济收益。同时，通过发挥合作社的组织引导和服务带动作用，小农户的服务需求能够得到一定满足。这意味着该模式下小农户的福利水平有所提升。然而，当前虽然入社小农户自己管理自家承包耕地，但须按照合作社的规定，将部分或全部种植决策权、田间管理权和产品处置权移交合作社（赵鲲和刘磊，2016），造成部分不愿放弃农业生产决策权的小农户选择退出合作社。同时，由于合作社经营的预期收益不确定，在合作社经营效益好时，小农户入社倾向高，在合作社经营效益差时，小农户退社倾向高。由此导致合作社的规模不稳定，发展层次低，服务能力薄弱，在市场竞争中易处于弱势地位，从而增加了小农户福利水平增进的不确定性。

4.3.3　市场服务组织模式：制度特征—实现机制—运行绩效

进入 21 世纪以来，市场服务组织模式得到了较为广泛的发展，很大程度上源于小农户兼业经营规模的增大以及农村劳动力趋于老龄化、女性化所导致的对农业社会化服务需求的增长。市场服务组织模式是在小农户对土地承包权、经营权和收益权不变的基础上，通过农业社会化服务组织有偿服务供给的方式将小农户卷入社会化分工，带动和引导小农户参与现代农业发展的一种市场化服务形式（图 4.4）。从全国各地区来看，该模式通常有多种表现形式，主要以"联耕联种""代耕代种"和"土地托管"

等农业生产托管形式为典型代表，无论具体形式如何，农业社会化服务组织都是带动小农户发展现代农业的组织和动力载体。当前实践中较为常见的农业社会化服务组织主要有农业生产托管公司、农机服务大户。

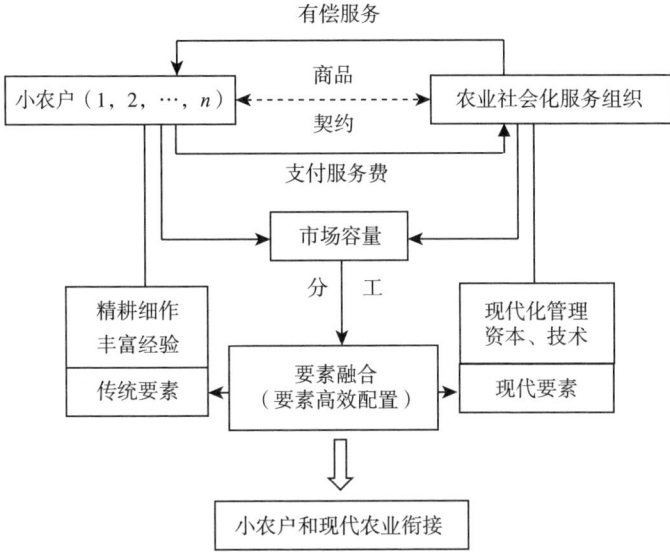

图 4.4　市场服务组织模式的理论框架

（1）市场服务组织模式的制度特征

其一，商品契约。在市场服务组织模式中，小农户和农业社会化服务组织之间的契约关系通常仅涉及商品契约，通过签订商品契约来界定双方合作行为和利益分配机制。即，小农户为了获得农业社会化服务，与农业社会化服务组织签订服务合同，将农业生产过程中的耕、种、防和收等部分或全部环节交由农业社会化服务组织完成，并根据享用服务的类别和多少来缴纳相应的服务费，农业社会化服务组织的收益主要来源于服务费。从小农户的角度来看，小农户在进行农业生产的同时，也获得了农业社会化服务组织提供的耕种、管理、灌溉、收割和销售等各类社会化服务，既不用担心失去土地，也不用担心新技术的应用成本以及寻找新技术的交易成本。从农业社会化服务组织的角度来看，在给小农户提供生产作业服务，尤其是全程作业服务的过程中，农业社会化服务组织不仅可以省去数额较高的地租成本，有效规避土地大规模经营带来的市场和自然风险，而且能够获得稳定的收入来源。

其二，产权关系明确。在市场服务组织模式中，小农户和农业社会化服务组织通过签订服务合同的方式来合作，合同内容简单明确，通常包括服务地点、服务时间、服务方式和服务价格等。对于小农户而言，虽然农业生产经营中的部分或全部环节活动可分离出去由农业社会化服务组织来完成，但在整个农业生产过程中，农业社会化服务组织主要以获取服务费为经营目标，而小农户仍然享有承包地的经营决策权，可根据自身的需要和偏好选择相应的服务方式。同时，该模式下，小农户还拥有土地收益的剩余索取权，有动力和积极性监督整个农业生产活动，如及时关注自家农田灌溉情况、农药喷洒均匀程度等。亦即，剩余索取权的占有能够为小农户农业生产投入提供有效激励。因此，在市场服务组织模式下，不仅小农户和农业社会化服务组织之间的产权关系是明确的，而且产权的合理配置也较好地维护了小农户家庭经营的主体地位。

其三，博弈地位平等。市场服务组织模式遵循的是市场交易规则，交易双方按照等价交换原则实行有偿服务。小农户根据服务市场价格选择服务方式以及支付服务费，农业社会化服务组织按照委托农户的意愿实施农事作业以获取服务收入，这种服务形式能够有效弥补特定服务的非自愿选择劣势。因此，在市场服务组织模式中，小农户和农业社会化服务组织之间的博弈关系相对均衡。目前，实践中市场服务组织模式的有效发展得益于村级组织系统将小农户内生的合作空间以及分散的服务需求进行整合，使得农业社会化服务组织和小农户之间因非正式制度的约束而形成合作均衡，从而实现农业生产过程的相对统一，这有利于推动"干中学"和"示范效应"下的农业技能扩散（董莹和穆月英，2019）。但是，市场服务组织模式是以市场交易方式存在，加之小农户分散决策往往难以达成共识，一定程度上会影响组织的稳定性。

（2）市场服务组织模式的实现机制

在市场服务组织模式中，市场容量、农业分工和要素融合之间的相互作用是促进小农户和现代农业衔接的内在逻辑。具体表现为：

首先，通过服务市场容量的扩大促进农业分工。根据劳动分工理论，分工受制于市场容量，市场容量的形成是分工产生的前提条件和基础。从实践层面来看，市场容量形成的现实基础在于：土地的物质生产、农业就业以及社会保障等功能致使小农户对土地具有情感和生存依赖，从而表现为小农户对土地具有控制权偏好。在市场服务组织模式下，小农户不仅无须出让土地经营权，而且可以获得更多的土地收益剩余索取权。同时，市场化服务方式灵活多样，能够满足不同类型小农户的多样性服务需求，且迎合小农户视土地为保障的传统心理，从而易于被广大小农户接受和拥护。从理论层面来看，市场容量形成的内在逻辑是：假定一种农产品的全部生产过程分为 n 个可独立操作的环节，对于每个环节都存在着要素的最佳配置，而每个环节的要素最佳配置是有差异的（高钰玲，2014）。就单个小农户而言，自身能够找到要素配置最优的 $m(m \leqslant n)$ 个环节，而剩下的 $n-m$ 个环节，由于内在和外在约束条件的限制，小农户独立完成的生产成本过高，自然会产生外部服务需求，即在 m 个环节，$\sum OC \leqslant \sum SC$，在 $n-m$ 个环节，$\sum SC \leqslant \sum OC$。其中，$SC$ 表示小农户购买农业社会化服务所需的成本，OC 表示小农户自身独立完成所需的成本，理性的小农户必将在 m 个环节选择自己作业，而在 $n-m$ 个环节选择购买外部服务。当多个小农户的服务需求达到一定规模时，势必将导致服务市场容量的形成，即市场容量的形成以整合离散的服务需求为前提。在农业领域，因土地具有不可移动性和不可叠加性，区域上的连片专业化是农业纵向分工的内生性要求。因此，服务市场容量的扩大会诱使社会化服务组织进入农业生产不同环节，推动农业分工深化。从现实来看，山东、安徽和河南等粮食主产区小农户参与横向分工并趋于集中连片专业化种植和市场服务网络化的纵向分工格局契合了这一理论。

其次，通过农业分工促进要素融合和提高要素配置效率，实现小农户和现代农业衔接。 在市场服务组织模式下，随着服务市场容量的扩大，一方面，提供"管理知识"这一类中间产品（服务）的组织进入农业，将会改善农业的知识分工和经营效率，另一方面，提供"资本、技术"这一类中间产品（服务）的组织涉入农业，将会改善农业的技术分工和迂回生产效率。因此，即便小农户缺乏资金、技术、机械设备和先进的管理知识，当这种具有企业家能力的社会化服务组织为小农户提供上述服务时，小农户通过购买服务的迂回方式依旧能够将现代生产要素引入农业生产经营中，实现改造传统农业的目的（罗必良，2017）。同时，小农户自身拥有相对较为丰富的生产经验和社会技能，当某些环节无法使用现代生产要素时，小农户能够有效发挥精耕细作的生产优势，提高农业生产经营的集约化程度。可见，分工提高了农业生产的专业化水平，促使小农户和农业社会化服务组织形成分工协作的关系，在各自寻求自身收益最大化以及风险最小化的过程中，实现了优势结合与要素融合。

市场服务组织模式的本质特征在于通过向小农户提供高效的社会化服务，促进分散的小农户分享分工专业化带来的收益。同时，市场服务组织模式有利于发挥小农户和农业社会化服务组织各自的比较优势。对于农业社会化服务组织而言，其优势在于掌握了知识、技术及资本，而小农户则在生产经验上具有相对优势，二者优势具有较大的互补性，借助商品契约建立合作机制能够使双方取得合作共赢。因此，这种模式在调动小农户农业生产积极性的同时，不仅可以解决小农户家庭分散经营的不足，而且能够有效保障小农户的基本权益，是一种以小农户为主体地位的现代农业发展模式。

（3）市场服务组织模式的运行绩效

从国家政策层面来看，市场服务组织模式有利于发挥农业社会化服务组织的知识溢出效应，改善小农户农作物生产过程中要素使用不合理的现象，减轻资源环境压力，从而强化人力资本对农业产出的促进作用。同时，市场化作业服务的开展也有助于小农户分享机械技术，通过资本替代劳动来提高农业产出水平，意味着农业生产方式由劳动密集型转向资本密集型，有利于缓解农业生产内卷化现象。这些对于保护耕地和保障国家粮食安全都具有重要的现实意义。但在实践中，该模式面临的直接挑战是接受服务的小农户往往是通过村级组织系统宣传动员的方式被组织起来，这种组织形式易受到村级组织的统筹能力和内生动力的影响，在利益联结机制不紧密的情况下，组织的稳定性较弱。并且，由于该模式不涉及小农户土地承包经营权的让渡，服务过程中牵涉小农户的组织动员、作业环节和服务方式的选择、合约的签订以及异质性小农户服务需求的多样性，也会导致农事作业环节服务规模化经营的稳定性差，从而影响现代农业发展。

从小农户福利层面来看，在市场服务组织模式下，小农户和农业社会化服务组织是各自独立、相互平等的关系。一方面，农业社会化服务组织根据小农户农业生产服务需求提供相应的服务，有利于提高服务的精准化程度，同时也能够维护绝大多数小农户的利益，尤其方便了老龄农户和女性农户农业生产；另一方面，市场服务组织模式具有服务方式多样和市场灵活性较强的特征，小农户对服务的选择空间大，有助于提高小农户的服务满意度。并且，对于小农户而言，虽然农业生产经营中的部分或全部环节活动可分离出去由专业化服务组织分工协作完成，但种什么以及收获的产品如何处置，即种植决策权和产品处置权依旧掌握在小农户手中（赵鲲和刘磊，2016）。这意味着小农户同时拥有剩余控制权与剩余索取权，不仅可以充分参与现代农业发展，而且可以分享农业现代化带来的成果。因此，在市场服务组织模式下，小农户的福利水平有了较大的增进空间。

4.4　三种服务组织模式绩效的比较及理论假说

通过对上述三种服务组织模式的理论分析可以看出，不同服务组织模式的制度特征是不同的，其实现机制也不同（表 4.1）。根据产业组织理论，一种服务组织模式的运行绩效，既受制于组织内部的制度安排，也依赖于制度逻辑下的实现机制。总体而言，无论是产业服务组织模式，还是合作服务组织模式或市场服务组织模式，均是在维护小农户家庭经营地位的基础上，充分利用农村经济系统中村社内部关系对分散小农户的组织功能，通过服务组织以服务供给的方式促进小农户与资本、管理和技术等现代生产要素对接，以实现小农户和现代农业衔接。这三种服务组织模式均在一定程度上改善了小农户农业生产的技术条件、提高了要素投入的贡献度、发挥了农业生产的规模优势和效率优势，从而在耕地保护和国家粮食安全保障上呈现出良好的运行绩效。就小农户福利目标层面而言，不同服务组织模式下小农户的服务需求得到了不同程度的满足。同时，服务组织的服务供给降低了小农户的农业生产成本、提升了小农户的农业经营收入，且其农业经营风险也得到了进一步分散，这均有助于增进小农户的经济福利水平。

表 4.1　三种服务组织模式的制度特征、实现机制

模式类型	制度特征	实现机制
产业服务组织模式	商品契约和要素契约的结合、产权关系明确、博弈地位不对等	通过发挥龙头企业的市场势力和资本实力优势，促进农业产业链的扩展深化

（续）

模式类型	制度特征	实现机制
合作服务组织模式	商品契约为主、产权关系模糊、博弈地位平等	通过发挥合作社的服务功能，促进农业产业链上核心要素的整合和组织内部资源的共享
市场服务组织模式	商品契约、产权关系明确、博弈地位平等	通过扩大服务市场容量，促进农业分工和要素融合

然而，从上文对三种服务组织模式的理论分析中可以看到，三种服务组织模式的运行绩效还存在差异。具体表现为：从国家政策目标层面来看，产业服务组织模式是最优的服务组织模式。原因在于，相对于合作服务组织模式和市场服务组织模式，产业服务组织模式下小农户和龙头企业之间的利益联结机制既有商品契约也有要素契约，龙头企业借助自身的市场势力和资本实力优势，利用与小农户之间的利益联结机制扩展深化产业链，向产前、产后环节双向延伸并做好产中环节精选，将先进的技术、科学的种植方案引入小农户农业生产中，有助于实施农产品源头控制，提高农产品质量标准，从而较好地保障国家粮食安全和改善土壤品质。同时，合作服务组织模式和市场服务组织模式通过发挥服务组织的服务功能，促进环境友好型技术的应用，一定程度上也有利于保护耕种资源。然而，相对于市场服务组织模式，合作服务组织模式受到资金、技术等众多因素的约束，难以有效实现服务规模化，从而影响了农业产出的提升以及粮食安全的保障。

从小农户福利目标层面来看，市场服务组织模式是最优的服务组织模式。市场服务组织模式具有服务价格透明、公平和服务方式灵活多样等特征，小农户对服务自由选择的权利空间大，且在农业生产经营过程中拥有剩余决策权和剩余索取权，有助于提高小农户的经济收益和服务满意度。因此，该模式下小农户的福利水平得到了最大化增进。在产业服务组织模式中，龙头企业掌握着经营决策权和利益分配权，小农户处于价值链分配的边缘地位，只能获取极小部分的保护价让利。与产业服务组织模式相比，合作服务组织模式下合作社内部社员之间的博弈能力相当、博弈关系较为稳定，同时社员小农户可以依托合作社统一市场行动，这都有利于提升入社农户的经济利益。但是，该模式中合作社的综合服务能力不足，导致小农户的服务满意度低。而产业服务组织模式在一定程度上克服了合作服务组织模式下服务功能缺失的问题，提高了小农户的服务满意度，但总体而言服务满意度仍低于市场服务组织模式。

综合上述对三种服务组织模式运行绩效的比较分析，本书借鉴郭晓鸣等（2007）、罗必良和胡新艳（2016）等做法，利用图 4.1 的评价基准，采取高、中、低三级定序测度，得到了三种服务组织模式运行绩效的评价结果，如表 4.2 所示。

表 4.2　三种服务组织模式运行绩效的评价

目标	评价标准	产业服务组织模式	合作服务组织模式	市场服务组织模式
国家政策目标	耕地保护	高	中	中
	粮食安全	高	低	中
小农户福利目标	经济收益	低	中	高
	服务满意度	中	低	高

基于上述对三种服务组织模式制度特征、实现机制的分析（表 4.1），结合三种服务组织模式运行绩效的评价及比较结果（表 4.2），本书用"制度特征—实现机制—运行绩效"理论范式推演出的理论假说认为，在其他条件既定的情况下，从国家政策目标角度来看，产业服务组织模式是最优的服务组织模式。产业服务组织模式建立在一体化服务的基础上，通过扩展和深化农业产业链条，增强了农业发展的动力和竞争力，能够有效地保护耕地质量和保障国家粮食安全。从小农户福利目标角度来看，市场服务组织模式是最优的服务组织模式。相对其他两种模式，市场服务组织模式更有助于提高小农户的经济收益和服务满意度。综合国家政策目标和小农户福利目标来看，市场服务组织模式是最可能实现目标兼容性的服务组织模式。基于此，提出假说如下：

假说 1：从国家政策目标角度来看，产业服务组织模式是最优的服务组织模式。

假说 2：从小农户福利目标角度来看，市场服务组织模式是最优的服务组织模式。

假说 3：综合国家政策目标和小农户福利目标来看，市场服务组织模式是最可能实现目标兼容性的服务组织模式。

4.5　本章小结

本章将我国小农户和现代农业衔接的服务组织模式划分为产业服务组织模式、合作服务组织模式和市场服务组织模式。同时，根据可行能力理论，结合小农户服务需求的特征，基于国家对现代农业发展的定位和粮食安全目标的考虑，从宏观层面的国家政策目标和微观层面的小农户福利目标角度建立了小农户和现代农业衔接服务组织模式运行绩效评价基准。在此基础上，借鉴产业组织理论"结构—行为—绩效"的理论范式，构建了"制度特征—实现机制—运行绩效"的新的理论分析框架，剖析了产业服务组织模式、合作服务组织模式和市场服务组织模式的内在机理。其中，产业服务组织模式借助龙头企业市场势力和资本实力的相互耦合作用，促进农业产业链条的扩展深化；合作服务组织模式通过发挥合作社的多元服务功能，实现农业生产核心要素的整合和组织内部资源的共享；市场服务组织模式通过扩大服务市场容量，推动农业分工与要素融合。三种服务组织模式均有效促进了小农户和现代农业衔接，但从国家政策目标和小农户福利目标来看，其运行绩效存在着显著差异。

根据理论分析，本章提出如下理论假说：假说 1：从国家政策目标角度来看，产业服务组织模式是最优的服务组织模式；假说 2：从小农户福利目标角度来看，市场服务组织模式是最优的服务组织模式；假说 3：综合国家政策目标和小农户福利目标来看，市场服务组织模式是最可能实现目标兼容性的服务组织模式。接下来，本书将进一步采用微观调查数据对上述理论假说进行实证检验。

第 5 章　小农户和现代农业衔接的服务组织模式：绩效研究

　　第 4 章从理论层面上揭示了产业服务组织模式、合作服务组织模式和市场服务组织模式的内在机理，并提出如下理论假说。假说 1：从国家政策目标角度来看，产业服务组织模式是最优的服务组织模式；假说 2：从小农户福利目标角度来看，市场服务组织模式是最优的服务组织模式；假说 3：综合国家政策目标和小农户福利目标来看，市场服务组织模式是最可能实现目标兼容性的服务组织模式。对于以上理论假说还需利用微观数据进一步加以实证检验。因此，本章将根据课题组实地调查获取的一手数据，采用倾向得分匹配（Propensity Score Matching，简写为 PSM）方法、Ordered Probit 模型和模糊综合评价法，从宏观层面的国家政策目标和微观层面的小农户福利目标出发对小农户和现代农业衔接的三种不同服务组织模式的绩效进行实证研究和综合评价。本章结构安排如下：第一部分实证分析三种服务组织模式对国家政策目标的影响；第二部分实证检验三种服务组织模式对小农户福利目标的影响；第三部分综合评价三种服务组织模式绩效；第四部分为本章小结。

5.1　三种服务组织模式对国家政策目标的影响

5.1.1　模型设定与研究方法

（1）国家政策目标评价模型

　　为了检验第 4 章所提出的理论假说 1，本章首先构建了国家政策目标评价模型，以评价三种服务组织模式对国家政策目标的影响。

$$effect_i = \alpha_0 + \alpha_1 \times model_i + \alpha_2 \times X_i + \varepsilon_i \qquad (5.1)$$

（5.1）式中，被解释变量$effect_i$表示国家政策目标，根据第4章的分析，国家政策目标包括耕地保护和粮食安全。$model_i$表示小农户参与服务组织情况，若小农户参与服务组织，则$model_i = 1$，否则$model_i = 0$。X_i为控制变量，包括户主特征、家庭特征及所在村庄特征。具体为：户主年龄（age）、受教育程度（$educa$）、是否是村干部（$cadre$）、外出务工人数占家庭人口数比例（$worke$）、农业收入占家庭收入的比例（$ainco$）、人均耕地面积（$perar$）、农户住所距最近的市场距离（$dista$）、村庄合作社数量（$coope$）、村庄企业数量（$enter$）。ε_i表示随机扰动项。α_0、α_1和α_2为模型待估计参数。其中，被解释变量具体定义如下：

①耕地保护（$land\_eff$）。关于耕地保护的具体衡量指标，现有研究主要以平均每公顷耕地化肥施用量来反映耕地质量保护情况（刘琼峰等，2013）。Huang和Rozelle（1996）研究认为，化肥是农业生产的主要污染源，化肥的过度投入在促进农业生产的同时，也导致了土壤肥力下降甚至严重的土壤污染问题。总之，化肥的过量施用会导致土壤物理性质恶化、土壤结构被破坏，对中国农业面源污染影响相对较大（孔凡斌等，2019；仇焕广等，2014）。因此，本书借鉴现有研究做法，最终选取亩均粮食化肥施用量（公斤）作为耕地保护的衡量指标，化肥施用量按折纯量计算。

②粮食安全（$food\_eff$）。关于粮食安全问题，无论是政策界还是理论界，均认为我国作为人口大国，保障粮食有效供给，满足人们生存与发展对粮食的需要，对于国民经济的发展起着基础性作用。由此表明，稳定粮食产量是粮食安全的根基（胡岳岷和刘元胜，2013；张元红等，2015；张云华，2018）。关于粮食安全的衡量指标，就现有研究来看，学者们大部分采用粮食亩产量来表征（罗必良等，2018）。为此，基于现有研究以及数据的可获得性，本书选择粮食亩产量（公斤）作为粮食安全的衡量指标。

（2）研究方法

对于（5.1）式，本书选取倾向得分匹配方法（PSM）研究不同服务组织模式对耕地保护和粮食安全的影响。主要基于以下考虑：由于小农户自选择参与不同服务组织，样本数据中参与服务组织的小农户和未参与小农户划分并非随机，这将导致样本自选择问题。在解决自选择问题的众多方法中，PSM方法既无须事先设定函数形式、参数约束和误差项分布，也无须解释变量外生来辨别因果效应（J. J. Heckman & E. J. Vytlacil，2007）。因此，相比 Heckman 两阶段模型及工具变量法，PSM方法更具优势（陈飞和翟伟娟，2015）。PSM方法的基本思想是：将实验组（产业服务组织模式、合作服务组织模式和市场服务组织模式下的小农户）和对照组（未参与小农户）采取一定的方式进行匹配，在其他条件相同的情况下，通过比较实验组和对照组在耕地保护和粮食安全上的差异来判断服务组织选择与耕地保护和粮食安全之间的因果关系。具体研究步骤如下：

第一步，通过常用的 logit 模型估算出实验组的条件概率拟合值，即倾向得分（PS_m）。

$$PS_m = Pr[Z_m = 1 \mid X_m] = E[Z_m \mid X_m] \qquad (5.2)$$

（5.2）式中，$Z_m = 1(m = 1,2,3)$ 表示产业服务组织模式、合作服务组织模式和市场服务组织模式下的小农户，$Z_m = 0$ 表示未参与小农户；解释变量 X_m 表示可观测到的户主特征、家庭特征和所在村庄特征。

第二步，将实验组和对照组进行倾向得分匹配。在进行倾向得分匹配时，为了确保匹配结果的稳定性，本书在实证研究中分别选取 K 近邻匹配（K-nearest neighbor matching）、卡尺匹配（Caliper matching）和核匹配（Kernel matching）三种方法进行匹配，并比较其匹配结果。其中，K 近邻匹配（K 为正整数）以倾向得分为基础，将倾向得分最近邻的 K 个不同组的个体进行匹配，本书参考司瑞石等（2018）的做法，将 K 设为4，表示一对四匹配。卡尺匹配是通过限制倾向得分的绝对距离来进行匹配，即 $|p_i - p_j| \leqslant \varepsilon$，一般 $\varepsilon \leqslant 0.25 \hat{\sigma}_{pscore}$，其中 $\hat{\sigma}_{pscore}$ 为倾向得分的样本标准差，本书将卡尺设为0.02，表示对倾向得分相差2%的样本观测值进行匹配。核匹配方法是通过使用核函数计算的权重进行匹配，其权重表达式为：

$$w(i,j) = \frac{K[(x_j - x_i)/h]}{\sum_{k:D_k=0} K[(x_k - x_i)/h]} \qquad (5.3)$$

（5.3）式中，h 为指定带宽，$K(\cdot)$ 为核函数。本书采用学术界常规做法，将带宽设为0.06进行匹配。

第三步，基于倾向得分计算出匹配后的平均处理效应（ATT）（以耕地保护为例）。

$$ATT = E(Y_{1m} \mid Z_m = 1) - E(Y_{0m} \mid Z_m = 1) = E(Y_{1m} - Y_{0m} \mid Z_m = 1)$$
$$(5.4)$$

（5.4）式中：Y_{1m} 为小农户参与服务组织时的耕地保护情况；Y_{0m} 为小农户不参与服务组织时的耕地保护情况。为剔除相关因素干扰，ATT 将研究样本设定为参与服务组织的小农户（$Z_m = 1$），并度量不同服务组织模式对耕地保护的净影响。$E(Y_{1m} \mid Z_m = 1)$ 可直接观测到，而 $E(Y_{0m} \mid Z_m = 1)$ 不可直接观测到，被称为反事实估计结果，可运用 PSM 方法构造 $E(Y_{0m} \mid Z_m = 1)$ 的替代指标。

第四步，双重检验。一是共同支撑域检验，主要是判断实验组和对照组之间是否拥有共同支撑域，倾向得分的取值范围是否存在重叠；二是平衡性检验，即检验实验组和对照组样本在解释变量上的差异是否被消除。若检验通过，意味着匹配质量较好。检验方法主要来自 Sianesi（2004）和 Rosenbaum、Rubin（1985）的研究，Sianesi 指出，匹配后的 $Pseudo$-R^2 值应变得更小，且模型 LR 统计量应不显著。Rosenbaum 和 Rubin 认为，匹配后若解释变量在实验组和对照组之间的标准化偏差小于 20，则表明匹配有效。

5.1.2 数据来源与描述性分析

（1）数据来源

本章数据来源于课题组 2018 年 5—11 月对安徽和山东 2 省 8 市的实地调查，共计 1 152 户小农户，其中参与服务组织的小农户有 812 户，未参与小农户有 340 户。具体数据说明见第 1 章。

（2）变量描述性统计

表 5.1 给出了参与服务组织小农户和未参与小农户各类经济指标及其均值差异的统计性描述。其中，实验组为产业服务组织模式下的小农户、合作服务组织模式下的小农户和市场服务组织模式下的小农户，分别用字母 B、C、D 表示；对照组为未参与小农户，用字母 A 表示。双样本 t 检验结果显示，实验组（B、C、D）和对照组（A）之间存在显著差异，表明不同服务组织模式对耕地保护和粮食安全均具有显著影响。表 5.1 中的

统计结果显示，产业服务组织模式下的小农户比未参与小农户粮食亩产量增加 127.352 公斤，亩均粮食化肥施用量降低 7.683 公斤；合作服务组织模式下的小农户比未参与小农户粮食亩产量增加 41.924 公斤，亩均粮食化肥施用量降低 2.072 公斤；市场服务组织模式下的小农户比未参与小农户粮食亩产量增加 118.199 公斤，亩均粮食化肥施用量降低 4.305 公斤。

小农户参与服务组织的影响因素包括户主特征、家庭特征和所在村庄特征。具体而言，从户主特征来看，未参与小农户的户主年龄普遍高于参与服务组织小农户的户主年龄，但是参与服务组织的小农户户主受教育水平比未参与小农户户主高，并且参与服务组织的小农户的户主身份为村干部的比例高于未参与小农户，说明参与服务组织的小农户户主综合素质要优于未参与小农户户主。从家庭特征来看，产业服务组织模式和市场服务组织模式下小农户家庭外出务工人数比例、住所距最近的市场距离均大于未参与小农户，而合作服务组织模式下小农户家庭外出务工人数比例、住所距最近的市场距离均小于未参与小农户。同时，参与服务组织的小农户家庭农业收入占比低于未参与小农户。并且，产业服务组织模式和合作服务组织模式下小农户家庭人均耕地面积均低于未参与小农户，而市场服务组织模式下小农户家庭人均耕地面积高于未参与小农户。从村庄特征来看，参与服务组织的小农户所在村庄的合作社数量和企业数量均比未参与小农户所在村庄多。

表 5.1　参与服务组织小农户和未参与小农户指标均值差异的统计描述

变量	A	B	B-A	C	C-A	D	D-A
land_eff	31.000	23.317	−7.683***	28.928	−2.072***	26.695	−4.305***
food_eff	466.035	593.387	127.352***	507.959	41.924***	584.234	118.199**
age	51.457	48.973	−2.484*	49.837	−1.620**	49.229	−2.228***
educa	1.699	2.018	0.319***	1.822	0.124**	1.917	0.218***
cadre	0.163	0.308	0.145***	0.337	0.174***	0.298	0.136*
worke	0.249	0.354	0.105*	0.225	−0.024***	0.452	0.203***
ainco	0.290	0.397	0.107***	0.334	0.044*	0.382	0.092***

（续）

变量	A	B	B-A	C	C-A	D	D-A
perar	1.048	1.041	−0.007*	1.002	−0.046***	1.244	0.196*
dista	7.109	7.678	0.569*	6.630	−0.479*	7.450	0.341*
coope	0.969	1.688	0.719***	1.743	0.774***	1.441	0.472***
enter	1.059	1.315	0.256**	1.443	0.385***	1.343	0.284**

注：①实验组：产业服务组织模式下的小农户、合作服务组织模式下的小农户、市场服务组织模式下的小农户分别用字母 B、C、D 表示；②对照组：未参与小农户用字母 A 表示；③*、**、***分别表示 10%、5%和 1%水平上显著。

需要注意的是，由于参与服务组织是小农户的自选择行为，上述各经济指标的统计差异不能完全判定由参与服务组织引起，可能是由其他因素导致。因此，采用 PSM 方法来分析不同服务组织模式对耕地保护和粮食安全的影响是必要的。

5.1.3　实证结果与分析

（1）小农户参与服务组织决策方程估计

为保证实验组和对照组匹配质量，首先需要估计小农户参与服务组织决策方程（产业服务组织模式方程、合作服务组织模式方程和市场服务组织模式方程）。具体估计结果见表 5.2。

表 5.2　基于 logit 模型的决策方程估计结果

变量	产业服务组织模式方程	合作服务组织模式方程	市场服务组织模式方程
age	−0.028**	−0.015	0.040***
	(0.014)	(0.011)	(0.015)
educa	0.519***	0.161	0.454***
	(0.198)	(0.103)	(0.156)
cadre	1.248	1.419***	−1.206*
	(0.998)	(0.458)	(0.678)
worke	6.857***	4.174***	6.201***
	(2.458)	(1.346)	(2.040)
ainco	2.702**	1.678***	4.872***
	(1.287)	(0.579)	(1.433)

（续）

变量	产业服务组织模式方程	合作服务组织模式方程	市场服务组织模式方程
perar	−1.093*	−2.021***	0.215
	(0.643)	(0.727)	(0.141)
dista	−0.116***	−0.027	0.012
	(0.041)	(0.019)	(0.008)
coope	0.538***	0.560***	0.230**
	(0.158)	(0.152)	(0.105)
enter	0.139*	0.158**	0.157**
	(0.083)	(0.069)	(0.065)
$Pseudo-R^2$	0.144	0.174	0.229

注：*、**、***分别表示 10%、5%和 1%水平上显著，括号内为标准误。

由表 5.2 可看出，各变量对小农户选择产业服务组织模式和合作服务组织模式的影响方向基本一致。其中，户主年龄（*age*）、人均耕地面积（*perar*）和农户住所距最近的市场距离（*dista*）对小农户选择产业服务组织模式和合作服务组织模式具有负向影响，而受教育程度（*educa*）、是否是村干部（*cadre*）、外出务工人数占家庭人口数比例（*worke*）、农业收入占家庭收入的比例（*ainco*）、村庄合作社数量（*coope*）和村庄企业数量（*enter*）对小农户选择产业服务组织模式和合作服务组织模式具有正向影响。是否是村干部（*cadre*）对小农户选择市场服务组织模式具有显著负向影响，其他变量则对小农户选择市场服务组织模式具有正向影响。本书侧重于讨论三种服务组织模式对国家政策目标的影响，因而将重点分析倾向得分匹配法的估计结果。

（2）三种服务组织模式对国家政策目标的影响

为分析三种不同服务组织模式对国家政策目标（耕地保护和粮食安全）的影响。本书分别使用 K 近邻匹配、卡尺匹配和核匹配 3 种不同方法进行匹配，以验证测算结果的稳定性。从表 5.3 中可看出，虽然 3 种匹配方法得到了不同的量化结果，但无论采取何种匹配方法，其测算结果是一致的，产业服务组织模式、合作服务组织模式以及市场服务组织模式对耕地保护和粮食安全均具有显著影响。

表 5.3 平均处理效应测算结果

匹配方法	变量	ATT		
		产业服务组织模式	合作服务组织模式	市场服务组织模式
K 近邻匹配	land _ eff	−7.521***	−2.754*	−3.955***
		(2.593)	(1.521)	(1.481)
	food _ eff	126.699**	40.867*	100.547*
		(59.483)	(22.958)	(58.458)
卡尺匹配	land _ eff	−6.780***	−2.204*	−3.634***
		(2.329)	(1.327)	(1.226)
	food _ eff	120.258**	41.045**	107.594*
		(56.459)	(17.540)	(63.703)
核匹配	land _ eff	−6.905***	−2.570*	−3.850***
		(2.410)	(1.529)	(1.436)
	food _ eff	117.218**	40.213*	109.931*
		(52.564)	(21.504)	(58.474)
平均值	land _ eff	−7.069	−2.509	−3.813
	food _ eff	121.392	40.708	106.024

注：*、**、***分别表示10%、5%和1%水平上显著，括号内为标准误；平均处理效应的显著性通过自助法（bootstrap）得到。

表5.3给出了3种匹配方法估计结果的平均值，通过比较3种服务组织模式绩效发现，产业服务组织模式下小农户粮食亩均化肥施用量最低，其次为市场服务组织模式，合作服务组织模式下小农户粮食亩均化肥施用量最高。同时，产业服务组织模式下小农户粮食亩产量最高，其次为市场服务组织模式，合作服务组织模式下小农户粮食亩产量最低。因此，从耕地保护和粮食安全角度来看，产业服务组织模式相对于其他两种模式拥有粮食亩均化肥施用量少和粮食亩产量高的比较优势。亦即，就国家政策目标而言，产业服务组织模式是最优的服务组织模式，该实证结果证实了本研究第4章提出的理论假说1。从表5.3的估计结果可以看出：

①产业服务组织模式下小农户粮食亩均化肥施用量比未参与小农户低7.069公斤，合作服务组织模式下小农户粮食亩均化肥施用量比未参与小农户低2.509公斤，市场服务组织模式下小农户粮食亩均化肥施用量比未参与小农户低3.813公斤。可能的解释是：相对于未参与小农户，不同服务组织模式下的小农户可以通过服务组织提供的各种社会化服务（例如现代

农业技术指导和培训、优质生产资料供应、病虫害防治等）来减少环境危害大的农业化工产品投入，从而保护耕地质量。同时，在调查中发现，未参与小农户农业经营管理具有粗放化、盲目性特点，通常采用增加化肥投入的方式来实现农作物增产，从而导致农作物生产中普遍存在化肥过度投入使用现象，这不仅制约了现代农业发展，更危及土壤品质。并且，相对于合作服务组织模式和市场服务组织模式，产业服务组织模式下龙头企业在农业生产过程中总体上更倾向于选择环境友好型生产方式，更加注重农产品质量安全，通过为小农户提供高质量的投入品来合理控制化肥施用量。

②产业服务组织模式下小农户粮食亩产量比未参与小农户高 121.392公斤，合作服务组织模式下小农户粮食亩产量比未参与小农户高 40.708公斤，市场服务组织模式下小农户粮食亩产量比未参与小农户高 106.024公斤。说明粮食亩产量的增加与组织模式有重要关系，在剥离其他可观测因素影响后，参与服务组织对小农户粮食亩产量有显著的提升作用。这是由于产业服务组织模式是以生产基地为纽带，不仅小农户组织化程度高，而且龙头企业服务能力强，更能够实现粮食生产的规模效益，因而该模式下小农户粮食亩产量提升幅度最大。而合作服务组织模式由于受合作社服务能力的限制和约束，小农户粮食亩产量提升幅度相对有限，并没有呈现出明显优势。与产业服务组织模式和合作服务组织模式相比，虽然市场服务组织模式组织稳定性较差，但这种模式具有服务精准化程度高和市场灵活性强的特征，小农户可以通过参与分工协作，充分发挥其农业生产精耕细作的优势，分享分工和专业化带来的效益。因此，该模式下小农户粮食亩产量提升幅度仅次于产业服务组织模式。

5.1.4　双重检验

(1) 共同支撑域检验

为保证匹配质量，还需进一步讨论实验组和对照组匹配的共同支撑域条件。本书通过比较实验组和对照组样本倾向得分的核密度函数来考察两组样本的共同支撑域。图 5.1 是倾向得分匹配后的核密度图，由核密度图可以看出，不同服务组织模式下小农户与未参与小农户样本的倾向得分区间有较大范围的重叠，此重叠区域为共同支撑域。产业服务组织模式、合作服务组织模式和市场服务组织模式函数密度图趋势比较接近，大部分数值均在共同取值范围内，样本量损失较少，因而共同支撑域条件较好。

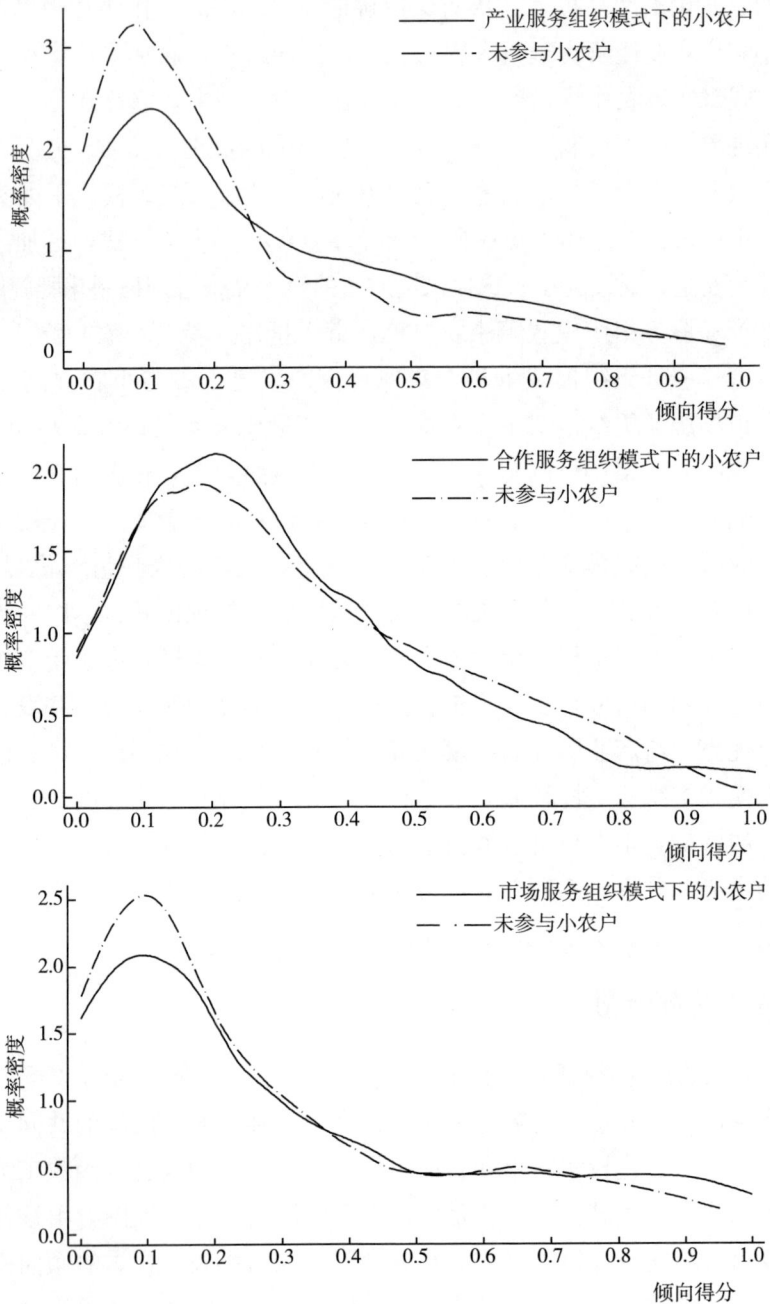

图 5.1　不同服务组织模式下的小农户与未参与小农户倾向得分核密度

（2）平衡性检验

在样本匹配之后，本书进一步检验了实验组和对照组之间解释变量差异的显著性，具体平衡性检验结果见表 5.4。从表 5.4 中可看出，匹配后，$P-R^2$ 值显著下降，产业服务组织模式方程从匹配前的 0.339 下降到匹配后的 0.013～0.018，合作服务组织模式方程从匹配前的 0.210 下降到匹配后的 0.007～0.013，市场服务组织模式方程从匹配前的 0.426 下降到匹配后的 0.008～0.014。LR 统计量在匹配之前是显著的，在匹配之后均不显著。匹配后，解释变量的标准化偏差均小于 20。就上述平衡性检验结果来看，倾向得分匹配降低了实验组和对照组之间的解释变量差异，倾向得分估计是有效的且样本匹配质量较好。

表 5.4 平衡性检验结果

匹配方法	产业服务组织模式方程			合作服务组织模式方程			市场服务组织模式方程		
	$P-R^2$	LR	标准化偏差	$P-R^2$	LR	标准化偏差	$P-R^2$	LR	标准化偏差
匹配前	0.339	236.33	25.1	0.210	164.59	27.6	0.426	355.88	22.8
K 近邻匹配	0.016	9.37	3.5	0.013	8.53	4.9	0.014	8.79	3.2
卡尺匹配	0.018	10.23	2.1	0.007	4.70	6.0	0.008	5.47	2.7
核匹配	0.013	7.48	3.4	0.008	5.09	5.4	0.010	6.37	3.9

5.2 三种服务组织模式对小农户福利目标的影响

5.2.1 模型设定与研究方法

（1）小农户福利目标评价模型

为了检验第 4 章所提出的理论假说 2，本书进一步构建了小农户福利目标评价模型，以评价三种服务组织模式对小农户福利目标的影响。根据第 4 章的分析，评价小农户福利的指标包括小农户经济收益和服务满意度。

$$income\_eff_i = \beta_0 + \beta_1 \times model_i + \beta_2 \times X_i + \varepsilon_i \quad (5.5)$$

$$satisfation_i = \sum_{i=1}^{n} \gamma_i x_i + \mu_i \qquad (5.6)$$

上述模型（5.5）和（5.6）分别用以检验不同服务组织模式对小农户经济收益和服务满意度的影响。其中，模型（5.5）中被解释变量 $income\_eff_i$ 表示小农户经济收益水平。关于粮食主产区小农户经济收益的衡量指标，部分文献从粮食生产利润角度来刻画农户粮食生产经营收益情况（罗丹等，2017）。鉴于本书考察的是粮食主产区不同服务组织模式下小农户的经济收益，粮食亩均产出利润能够最直接地反映不同服务组织模式下小农户经济收益水平的差异，故本书借鉴已有文献，选取粮食亩均产出利润（元）来反映粮食主产区小农户的经济收益水平。$model_i$ 表示小农户参与服务组织情况，若小农户参与服务组织，则 $model_i = 1$，否则 $model_i = 0$；X_i 为控制变量，包括户主特征、家庭特征及所在村庄特征。具体为：户主年龄（age）、受教育程度（$educa$）、是否是村干部（$cadre$）、外出务工人数占家庭人口数比例（$worke$）、农业收入占家庭收入的比例（$ainco$）、人均耕地面积（$perar$）、农户住所距最近的市场距离（$dista$）、村庄合作社数量（$coope$）、村庄企业数量（$enter$）。ε_i 表示随机扰动项。β_0、β_1 和 β_2 为模型待估计参数。

模型（5.6）中被解释变量 $satisfaction$ 是衡量小农户服务满意度的指标，本书用小农户对服务组织提供的农业社会化服务的总体评价来衡量，具体采用小农户对调查问题"总体而言，您对所提供的农业社会化服务满意吗"的回答来表示，小农户的服务满意度使用李克特量表法来赋值，共分为五个等级，以 5 表示"非常满意"，以 4 表示"比较满意"，以 3 表示"一般"，以 2 表示"不太满意"，以 1 表示"非常不满意"。解释变量 x_i 表示影响小农户服务满意度的因素。本书借鉴已有研究成果，从户主特征、家庭特征、服务供给特征和政策环境特征四个方面考察影响小农户服务满意度的因素。（ⅰ）户主特征。通常情况下，户主在家庭生活中具有较大的决策权，其个人的基本特征一般能反映整个家庭的行为特征，户主的年龄、受教育程度以及是否是村干部会对小农户的服务满意度产生影响（M. Fisher et al.，2010），故本书用户主的年龄（age）、受教育程度（$educa$）以及是否是村干部（$cadre$）三个变量表示户主特征。（ⅱ）家庭特征。根据王昕和陆迁（2015）的研究，农业收入占家庭收入的比重越高，小农户的服务要求越高。本书重点选择农业收入占家庭收入的比例（ainco）和外出务工人数占家庭人口数比例（worke）两个变量来表示小农户家庭特征。（iii）服务供给特征。本书选取服务种类（varie）和服务便捷性（conve）两个变量来表示服务组织的服务供给特征。服务种类和服务便捷性在一定程度上能够体现服务组织的服务供给能力，会直接影响小农户的服务满意程度。（iv）政策环境特征。本书选取小农户粮食生产是否获得除粮食基本补贴外的其他相关政策支持（policy）来表示政策环境特征。由于小农户的农业生产经营行为通常会受到政策环境的影响，政府政策支持一定程度上影响小农户的服务需求和服务满意度。γ_i 表示解释变量的具体影响方向与影响程度，μ_i 表示随机扰动项。

（2）研究方法

对于模型（5.5），本书还使用倾向得分匹配方法来检验不同服务组织模式对小农户经济收益的影响。在该模型中可观测因素包括户主特征、家庭特征和所在村庄特征等变量。倾向得分匹配方法通过剥离可观测因素对小农户经济收益的影响，考察不同服务组织模式对小农户经济收益影响的净效应，使得到的测算结果更为精确。本书在实证研究中继续选用 K 近邻匹配、卡尺匹配和核匹配三种方法进行匹配。具体方法说明详见本章 5.1.1 节。

对于模型（5.6），因其被解释变量是衡量小农户服务满意度的指标，故小农户满意度使用李克特量表法来赋值，五个等级分别对应着被访问者"非常不满意""不太满意""一般""比较满意"和"非常满意"的回答，此为有序响应变量，数值越大表示结果越好，故本书选取学术界常用的 Ordered Probit 模型进行回归。Ordered Probit 模型假设存在一个能够代替被解释变量 $satisfaction_i$，但又不能被观测到的潜变量 $satisfaction_i^*$，其由下式决定：

$$satisfation_i^* = \sum_{i=1}^{n} \gamma_i x_i + \mu_i \qquad (5.7)$$

同时，设 $r_i = 1,2,3,4,5$，分别表示满意度的五个等级，且满足 $r_1 < r_2 < r_3 < r_4 < r_5$，并定义不可观测变量 $satisfaction_i^*$ 和小农户服务满意度 $satisfaction_i$ 的关系为：

$$satisfaction_i = \begin{cases} 1 & if \quad satisfaction_i^* \leqslant r_1 \\ 2 & if \quad r_1 < satisfaction_i^* \leqslant r_2 \\ 3 & if \quad r_2 < satisfaction_i^* \leqslant r_3 \quad (5.8) \\ 4 & if \quad r_3 < satisfaction_i^* \leqslant r_4 \\ 5 & if \quad r_4 < satisfaction_i^* \leqslant r_5 \end{cases}$$

假设随机扰动项 $\varepsilon \sim N(0,1)$，则可以得到小农户服务满意度 $satisfaction_i$ 的条件概率分别是：

$$P(satisfaction_i = 1 \mid x_i) = \Phi(r_1 - \sum_{i=1}^{n} \gamma_i x_i) \qquad (5.9)$$

$$P(satisfaction_i = 2 \mid x_i) = \Phi(r_2 - \sum_{i=1}^{n} \gamma_i x_i) - \Phi(r_1 - \sum_{i=1}^{n} \gamma_i x_i)$$
$$(5.10)$$

$$P(satisfaction_i = 3 \mid x_i) = \Phi(r_3 - \sum_{i=1}^{n} \gamma_i x_i) - \Phi(r_2 - \sum_{i=1}^{n} \gamma_i x_i)$$
$$(5.11)$$

$$P(satisfaction_i = 4 \mid x_i) = \Phi(r_4 - \sum_{i=1}^{n} \gamma_i x_i) - \Phi(r_3 - \sum_{i=1}^{n} \gamma_i x_i)$$
$$(5.12)$$

$$P(satisfaction_i = 5 \mid x_i) = \Phi(r_5 - \sum_{i=1}^{n} \gamma_i x_i) - \Phi(r_4 - \sum_{i=1}^{n} \gamma_i x_i)$$
$$(5.13)$$

根据公式（5.9）～（5.13）可以算出小农户不同服务满意度的发生概率。

5.2.2 变量的统计性描述

（1）变量定义及其统计性描述

本节所用到的各变量的定义和统计性描述如表 5.5 所示。总体来看，样本小农户粮食亩均产出利润为 674.331 元。样本小农户对服务的满意度平均值为 2.947，表明小农户对服务组织提供的服务总体满意程度较低。

表 5.5　变量定义及其统计性描述

变量	变量定义	均值	标准差
income _ eff	粮食亩均产出利润（元）	674.331	151.301
satisfaction	非常不满意＝1；不太满意＝2；一般＝3；比较满意＝4；非常满意＝5	2.947	1.011
age	户主年龄（岁）	49.915	10.545
educa	小学及以下＝1；初中＝2；高中或中专＝3；大专＝4；本科及以上＝5	1.856	0.838
cadre	是＝1；否＝0	0.274	0.446
worke	务工人数占家庭人口数比例	0.345	0.171
ainco	农业收入占家庭收入比例	0.326	0.187
dista	农户住所距最近的市场距离（公里）	7.113	4.974
perar	人均耕地面积（亩）	1.170	0.674
varie	服务种类数（种）	2.760	1.166
conve	便捷＝1；不便捷＝0	0.507	0.500
policy	有＝1；没有＝0	0.149	0.356
coope	所在村庄合作社数量（家）	1.442	1.411
enter	所在村庄企业数量（家）	1.282	1.545

在其他变量中，就户主特征而言，样本小农户户主年龄在 50 岁左右，受教育程度的均值为 1.856，且有 27.4％的小农户户主是村干部，这反映出样本中小农户的户主大多为中年人，受教育程度普遍集中在初中水平，文化程度较低，并且接近 1/3 的户主为村干部。就家庭特征而言，样本小农户家庭务工人数占家庭人口数的比例均值为 0.345；农业收入占家庭收入的比例仅为 32.6％，说明小农户家庭收入以非农业收入为主；小农户住所距最近的市场距离平均有 7.113 公里；家庭人均耕地面积为 1.170亩。就服务供给特征而言，服务组织提供的服务种类数平均值为 2.760种，且 50.7％的小农户认为服务组织提供的服务较为便捷。就政策环境特征而言，有 14.9％的小农户生产粮食获得了除粮食基本补贴外的其他相关政策支持。另外，就村庄特征而言，平均每个村庄有 1.422 家合作社、1.282 家农业企业，说明目前安徽省和山东省农村服务组织的发展已有一定的规模。

（2）不同服务组织模式下小农户服务满意度比较

由表 5.6 可知，在调查样本中，选择产业服务组织模式、合作服务组织模式和市场服务组织模式的小农户共计有 812 户。其中，产业服务组织模式下小农户有 221 户，占总样本的 27.22%；合作服务组织模式下小农户有 276 户，占总样本的 33.99%；市场服务组织模式下小农户有 315 户，占总样本的 38.79%。为便于分析，本书参考卫龙宝、张菲（2012）和王昕、陆迁（2015）等的做法，将小农户对服务的评价中"非常满意"和"比较满意"统一归为"满意"，将"非常不满意"和"不太满意"统一归为"不满意"。产业服务组织模式下小农户"满意"和"不满意"的比例分别为 28.5% 和 36.2%；合作服务组织模式下小农户"满意"和"不满意"的比例分别为 22.8% 和 37.3%；市场服务组织模式下小农户"满意"和"不满意"的比例分别为 33.0% 和 30.8%。由此表明，不同服务组织模式下小农户的服务满意度是存在差异的。产业服务组织模式、合作服务组织模式和市场服务组织模式下小农户服务满意度的平均值分别为 2.9、2.8、3.1，除了市场服务组织模式下小农户的满意度高于平均水平外，其他两种服务组织模式下小农户满意度的均值等于或低于平均水平。因此，就三种服务组织模式来看，市场服务组织模式下小农户的服务满意度最高，其次是产业服务组织模式，合作服务组织模式下小农户服务满意度最低。主要原因在于：在市场服务组织模式下，农业社会化服务组织具有较强的市场灵活性，能够满足小农户多元化的服务需求，同时市场化作业形式具有多样性特征，小农户对服务的自由选择空间大，因而小农户服务满意度也就较高；产业服务组织模式下龙头企业为了保证农产品品质，会加强农业社会化服务的供给以满足小农户的服务需求，但是由于该模式倾向于体现

表 5.6　不同服务组织模式下小农户服务满意度比较

模式类别	非常不满意	不太满意	一般	比较满意	非常满意	合计	平均值
产业服务组织模式	14	66	78	49	14	221	2.9
合作服务组织模式	16	87	110	51	12	276	2.8
市场服务组织模式	20	77	114	73	31	315	3.1
合计	50	230	302	173	57	812	2.9

龙头企业的意图，小农户没有决策参与权和剩余索取权，其服务需求往往被抑制，一定程度上降低了小农户的满意度；合作服务组织模式因合作社的自身服务能力有限，无法充分满足小农户多元化的服务需求，故小农户服务满意度最低。

5.2.3 实证结果与分析

（1）三种服务组织模式对小农户经济收益的影响

为分析不同服务组织模式对小农户经济收益的影响，本书分别使用三个实验组（产业服务组织模式、合作服务组织模式和市场服务组织模式）的小农户和对照组（未参与服务组织）的小农户进行倾向得分回归，并分别运用 K 近邻匹配、卡尺匹配和核匹配 3 种方法进行匹配，以验证测算结果的稳定性。第一步 logit 回归结果见表 5.2。本书侧重于讨论三种服务组织模式对小农户经济收益的影响，因而将重点分析倾向得分匹配法的估计结果（表 5.7）。

表 5.7 平均处理效应（ATT）测算结果

匹配方法	产业服务组织模式		合作服务组织模式		市场服务组织模式	
	系数	标准误	系数	标准误	系数	标准误
K 近邻匹配	185.378***	62.207	66.080**	25.630	194.156*	111.584
卡尺匹配	173.791***	60.140	68.497**	30.613	204.703**	100.795
核匹配	176.166***	59.974	66.668***	23.761	201.374*	108.266
平均值	178.445		67.082		200.078	

注：*、**、***分别表示 10%、5% 和 1% 水平上显著；平均处理效应的显著性通过自助法（bootstrap）得到。

观察表 5.7 发现，无论采取何种匹配方法，产业服务组织模式、合作服务组织模式以及市场服务组织模式对小农户经济收益均具有显著正向影响。3 种匹配方法得出的结果差异较小，说明估计结果是稳健的。从 3 种匹配方法估计结果的平均值对比来看，市场服务组织模式下小农户粮食亩均利润最高，产业服务组织模式下小农户粮食亩均利润其次，合作服务组织模式下小农户粮食亩均利润最低。这表明相对其他两种服务组织模式，市场服务组织模式更有助于提高小农户的经济收益。即本研究第 4 章提出的理论假说 2 得到了部分证实。

从表 5.7 的估计结果可以看出，产业服务组织模式下小农户粮食亩均利润比未参与小农户高 178.445 元，合作服务组织模式下小农户粮食亩均利润比未参与小农户高 67.082 元，市场服务组织模式下小农户粮食亩均利润比未参与小农户高 200.078 元。该结果出现的原因可能是：在产业服务组织模式中，小农户虽然获得了龙头企业提供的产前、产中和产后等各类专业化社会服务，农业生产收入得到一定提升，但农产品质量标准的提高和现代农业技术的使用会导致其生产成本增加，并且该模式中小农户的弱势谈判地位也会影响其收入的提高。Wu（2006）在研究中发现，尽管小农户可以通过与龙头企业合作享受各类专业化服务，提高农产品质量，但小农户获利水平的增进空间存在着局限性。在合作服务组织模式中，虽然小农户能够从合作社处获取多项服务，但作为弱势群体的互助合作组织，合作社受到资金、技术和管理等众多因素的制约，服务功能难以有效发挥。调查中发现，目前大多数合作社承受较大的农业生产经营压力，无法向社员农户提供完善的服务，影响了小农户增收。在市场服务组织模式中，农业社会化服务组织能够帮助小农户降低生产成本，并向小农户提供优惠的销售价格。同时，该模式下小农户拥有服务的自由选择权利，能够较好地维护自身利益，从而可以获取较高的利润。因此，相对其他两种模式，市场服务组织模式下小农户粮食亩均利润最高。

（2）三种服务组织模式对小农户服务满意度的影响

为了分析三种服务组织模式下小农户服务满意程度差异及差异存在的原因，这一部分先比较三种服务组织模式下小农户服务满意度的平均概率，然后分析三种服务组织模式下小农户服务满意度的影响因素，最后对总体模型进行回归。

①三种服务组织模式下小农户服务满意度的比较。

根据 Ordered Probit 模型有序条件概率分布计算出三种服务组织模式下小农户服务满意度的平均概率，如图 5.2 所示。由图 5.2 可知，三种服务组织模式下小农户服务满意度的平均概率存在差异。其中，市场服务组织模式下小农户"非常满意"和"比较满意"的平均概率分别是 0.099、0.234，"非常不满意"和"不太满意"的平均概率分别是 0.063、0.247；产业服务组织模式下小农户"非常满意"和"比较满意"的平均概率分别是 0.061、0.223，"非常不满意"和"不太满意"的平均概率分别是

0.066、0.287；合作服务组织模式下小农户"非常满意"和"比较满意"的平均概率分别是 0.043、0.188，"非常不满意"和"不太满意"的平均概率分别是 0.058、0.318。由此可看出，市场服务组织模式下小农户的服务满意度最高，产业服务组织模式其次，合作服务组织模式下小农户服务满意度最低。该结果与前文的统计性描述分析一致，进一步证实了本研究第 4 章提出的理论假说 2。

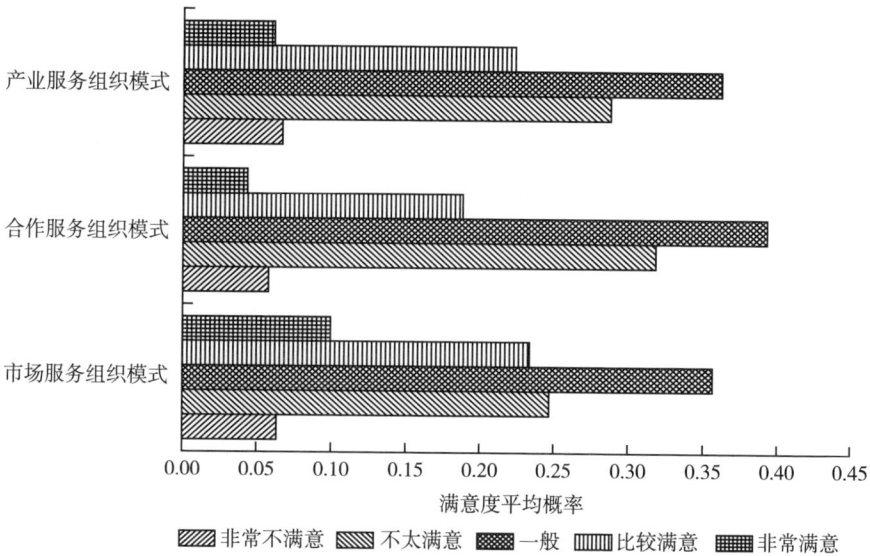

图 5.2　不同服务组织模式下小农户服务满意度平均概率

②服务满意度影响因素的估计结果分析。

a. 三种服务组织模式回归结果的比较分析。由表 5.8 可知，在户主特征中，是否是村干部对三种服务组织模式下小农户服务满意度的影响均不显著。户主年龄对市场服务组织模式下小农户服务满意度有显著负向影响，说明该模式下小农户户主年龄越大，对服务质量和服务效率的要求就越高，满意度就越低；而在合作服务组织模式下，户主年龄在 10% 的水平上显著为正，可能是因为该模式下年龄大的户主在接受农业社会化服务的过程中，体验到互助合作经营的效果要优于独自经营，从而满意度较高。受教育程度对三种服务组织模式均有显著负向影响，通过比较系数发现，受教育程度对合作服务组织模式下小农户满意度的影响最大，可能是因为合作服务组织本质上是一种小农户自愿联合组成的互助性服务组织，服务供给能力较弱，这种模式下受教育程度高的小农户对服务的期望和实践之间的落差较大，其满意度相对较低。

表 5.8　Ordered Probit 模型回归结果

变量	产业服务组织模式	合作服务组织模式	市场服务组织模式	总体模型
age	−0.077	0.047*	−0.063**	−0.062*
	(0.153)	(0.027)	(0.031)	(0.037)
educa	−0.088***	−0.236***	−0.032*	−0.205**
	(0.032)	(0.090)	(0.019)	(0.101)
cadre	0.003	0.004	−0.001	0.002
	(0.007)	(0.006)	(0.006)	(0.003)
worke	0.213	0.296	−0.305	−0.242
	(0.360)	(0.313)	(0.302)	(0.159)
ainco	−0.323*	−0.056	−0.081**	−0.233**
	(0.189)	(0.235)	(0.041)	(0.116)
varie	0.110	0.091**	0.067***	0.087**
	(0.069)	(0.045)	(0.026)	(0.073)
conve	0.083**	0.033***	0.214*	0.162*
	(0.041)	(0.012)	(0.123)	(0.093)
policy	0.098*	0.116**	0.081	0.091*
	(0.056)	(0.055)	(0.072)	(0.053)
LR 统计量	37.01***	49.81***	62.80***	60.52***
$Pseudo-R^2$	0.087	0.163	0.114	0.108

注：*、**、***分别表示 10％、5％和 1％水平上显著，括号内为标准误。

在家庭特征中，家庭务工人数比例对三种服务组织模式下小农户的满意度影响均不显著。农业收入比例对产业服务组织模式和市场服务组织模式下小农户满意度有显著负向影响，且对产业服务组织模式下小农户的满意度影响更大。虽然农业收入比例对合作服务组织模式下小农户满意度的影响不显著，但其方向也是负向的。调查发现，相对其他两种模式，产业服务组织模式下小农户大多数是纯农户或农业收入占比较高的兼业型农户，农业收入对其家庭收入有重要作用，故其对服务的要求更高，间接降低了满意度。

在服务供给特征中，服务种类对合作服务组织模式和市场服务组织模式下小农户满意度产生显著正向影响，而对产业服务组织模式下小农户满意度的影响不显著。服务便捷性对三种服务组织模式下小农户的满意度均有显著正向影响，即服务越便捷，小农户满意度越高，且服务便捷性对三种服务组织模式下小农户满意度的影响程度由高到低依次为市场服务组织模式、产业服务组织模式、合作服务组织模式。可能是因为农业生产具有季节性和时令性特征，服务便捷与否直接影响农业产出水平。在三种服务组织模式中，市场服务组织模式具有服务灵活性、服务便捷性强的特点，因而小农户的服务满意度相对较高。虽然产业服务组织模式也具有服务供给能力强的特点，但是小农户的服务需求受到抑制，一定程度上影响了其服务满意度。合作服务组织模式受到合作社服务能力的限制，服务便捷性相对较弱，小农户服务需求难以得到有效满足，故满意度较低。

在政策环境特征中，政策支持对市场服务组织模式下小农户满意度的影响不显著，对产业服务组织模式和合作服务组织模式下小农户的满意度有显著正向影响，对合作服务组织模式下小农户的影响程度最大。可能的解释是：合作服务组织模式下政府的政策支持对提高小农户家庭收入有重要作用，从而间接提高了小农户满意度。

b. 总体模型回归结果分析。在总体模型中，由回归结果可知，户主年龄和受教育程度分别在 10% 和 5% 的水平上负向影响小农户满意度，即户主年龄越大、受教育程度越高，满意程度越低。可能因为年龄大的农户务农经验相对较丰富，对服务水平的期望较高，更容易产生不满；受教育程度高的农户对农业服务的要求相对较高，从而满意度也就较低。这与卫龙宝和张菲（2012）的研究结果类似。在小农户家庭特征中，农业收入占家庭收入比例显著负向影响小农户满意度，即农业收入的比例越高，小农户的满意度越低。可能的解释是：农业收入比例高的小农户对农业生产经营具有高度依赖性，为了提高农业生产利润，小农户对服务组织提供服务的要求相对更高，期望与现实的差距一定程度上会降低小农户的满意度。这验证了王昕和陆迁（2015）的判断。在服务供给特征中，服务种类和服务便捷性分别通过了 5% 和 10% 的显著性检验，影响为正，即服务种类数越多、服务越便捷，小农户的满意度越高。可能是因为服务组织提供的服务种类多、服务便捷，不仅使小农户从事农业生产更加省心省力，而且帮助小农户增产增收，小农户的服务满意度也就得到提高。张超和吴春梅（2015）对合作社公共服务满意度的研究也得出类似的结论。在政策环境特征中，政策支持的回归系数显著为正，这说明享受政策支持的小农户满意度较高。

5.3 三种服务组织模式绩效的综合评价

为检验第 4 章提出的理论假说 3，本书进一步采用模糊综合评价法对不同服务组织模式绩效予以综合评价。目前文献中常用的综合绩效评价方法主要有层次分析法、BP 神经网络法和模糊综合评价法等。其中，层次分析法是系统的分析方法，简洁实用，所需的定量数据信息较少，但其主观性较强难以令人信服，并且指标过多时权重无法确定；BP 神经网络法使用范围较为广泛，评价精度较高，但操作专业性强且易产生局部最小值等问题，极大限制了其使用范围；模糊综合评价法是依据模糊数学的隶属度理论，采用精确的数学计算度量模糊指标，优点是系统性强、结果清晰，能对难以量化的、模糊的问题进行有效的处理，但缺点是难以评价指标的动态性。本书对小农户和现代农业衔接的三种服务组织模式综合绩效予以评价，由于指标取值具有模糊性特点，故采用模糊综合评价法。

5.3.1 研究方法

模糊综合评价法是一种以模糊数学理论为基础，运用模糊关系合成原理，将边界不清的因素定量化，从多个角度对被评价问题的等级状况予以综合性评价的方法。其基本原理是：首先，确定被评价对象的因素集（指标集）和评语集（等级）；然后，确定各指标权重及其隶属度向量，以获得模糊判断矩阵；最后，综合模糊判断矩阵和权向量进行模糊运算后归一化得到综合评价结果。模糊综合评价步骤如图 5.3 所示。

（1）评价指标体系构建

本书的指标集主要包括四个指标，因而因素集 $U=$（耕地保护 U_1，粮食安全 U_2，经济收益 U_3，服务满意度 U_4）。

（2）评价集构建

构建评价集 $V=$（5，4，3，2，1），分别对应"很好""好""一般""差""很差"。

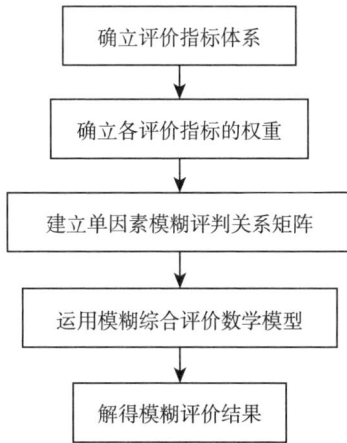

图 5.3　模糊综合评价步骤

（3）数据的预处理

在对三种服务组织模式绩效进行模糊综合评价之前，需对指标数据进行预处理，包括对样本中缺失值的处理、逆指标的正向化处理和无量纲化处理。因此，本书的数据预处理包括：第一，缺失值处理。首先，剔除数据缺失较为严重的样本；然后，采用热平台插补法对其余仅有个别指标值缺失的样本进行填补；最后，获得样本总量为 812 户的样本集，其中市场服务组织模式下小农户样本 315 户，产业服务组织模式下小农户样本 221 户，合作服务组织模式下小农户样本 276 户。第二，逆指标正向化。在评价指标体系的四项指标中，粮食安全、经济收益和服务满意度均为正指标，而耕地保护指标为逆指标，因此需对其进行正向化处理。根据范坤和冯长焕（2013）的逆指标正向化转换模型对耕地保护指标进行正向化处理。第三，无量纲化处理（标准化）。由于数据预处理后的指标均为正指标，结合后文采用熵权法确定各指标权重，故采用极差法，根据公式（5.14）对数据进行标准化处理，式中 x_{ij} 为第 i 个样本第 j 个指标的取值，r_{ij} 为第 i 个样本第 j 个指标标准化后的取值。

$$r_{ij} = \frac{x_{ij} - \min_{j}\{x_{ij}\}}{\max_{j}\{x_{ij}\} - \min_{j}\{x_{ij}\}} \qquad (5.14)$$

（4）各指标权重的确定

不同指标对于整个评价体系而言重要性存在差异，因此需要对各指标的权重予以赋值。权重的合理性对评价体系的评价结果有着直接的影响。确定权重的方法可划分为主观赋权法和客观赋权法，其中主观赋权法是由专家根据经验对评价指标进行判断的评价方法，具体包括逐对比较法、AHP 法和 Delphi 法等，客观赋权法则是直接依据样本对应各指标的离散程度确定权重的方法，具体包括离差最大化法、均方差分法、熵权法等。由于主观赋权法不仅主观性较强，而且信息利用程度较为有限，因而在实际应用中存在一定的问题。在本书的研究中，考虑到所构建的指标体系中指标较少，如果单纯采用主观赋权与普通的算术平均并无二致，为解决简单算术平均导致的信息损失问题，本书采用客观赋权法中的熵权法对各指标予以赋权。由于熵可以度量数据所提供的有效信息量（孟庆生，1986），反映的是系统的无序程度，因此，当采用熵确定权重时，若评价对象某一指标的取值相差较大，则熵值较小，表明该指标提供的有效信息量更大，该指标权重也应更大，反之则反。对于已经标准化预处理的数据，熵权法的计算步骤具体为：

对于具有 n 个评价对象和 m 个评价指标的综合评价问题，其第 j 个指标的熵权可由下式定义：

$$H_j = -k \sum_{i=1}^{n} f_{ij} \ln f_{ij}, j = 1, 2, \cdots, m \qquad (5.15)$$

（5.15）式中，$f_{ij} = r_{ij} / \sum_{i=1}^{n} r_{ij}, k = 1/\ln n$。当 $f_{ij} = 0$ 时，令 $f_{ij} \ln f_{ij} = 0$。在（5.15）式的基础上可定义第 j 个指标的熵权：

$$w_j = \frac{1 - H_j}{m - \sum_{j=1}^{m} H_j} \qquad (5.16)$$

在（5.16）式中，$0 \leqslant w_j \leqslant 1$，且 $\sum_{j=1}^{m} w_j = 1$。

此处需要说明的是，熵权的大小并不表示综合评价中某个指标的现实重要程度，而是表示在各评价对象指标值确定的情况下，各指标所能提供信息的多寡程度（邱菀华，2002）。

(5) 建立模糊矩阵

根据调研的结果对各指标予以分级，以耕地保护为例说明具体做法：首先，将经过预处理已经标准化和正向化（其他指标只须标准化）的数据从小到大排序，依据组距等分为 5 组，对某一具体样本而言，若其取值落入最大组，则计评分为 5，即代表评价水平为"很好"（100 分），落入次大组，计评分为 4，评价水平为"好"（90 分），依次类推。其次，计算各组频率，即可得到三种服务组织模式的模糊矩阵。三种服务组织模式下的隶属度计算结果以及熵权法计算的各指标的权重如表 5.9 所示。

表 5.9 各指标权重及隶属度计算结果

类型	指标	权重	隶属度				
			5	4	3	2	1
市场服务组织模式	耕地保护	0.252 7	0.031 7	0.191 9	0.392 7	0.279 6	0.104 0
	粮食安全	0.205 4	0.039 8	0.216 7	0.302 3	0.357 7	0.083 5
	经济收益	0.377 9	0.088 9	0.293 5	0.504 8	0.103 3	0.009 5
	服务满意度	0.164 0	0.098 4	0.241 7	0.361 9	0.244 4	0.053 5
产业服务组织模式	耕地保护	0.194 5	0.058 0	0.318 8	0.304 3	0.228 3	0.090 6
	粮食安全	0.219 3	0.043 6	0.231 0	0.302 9	0.309 4	0.113 1
	经济收益	0.231 9	0.043 5	0.231 9	0.434 8	0.264 5	0.025 4
	服务满意度	0.354 2	0.063 3	0.221 7	0.352 9	0.298 6	0.063 3
合作服务组织模式	耕地保护	0.217 1	0.040 3	0.165 1	0.390 5	0.321 6	0.082 5
	粮食安全	0.299 9	0.024 0	0.163 3	0.228 6	0.355 5	0.228 6
	经济收益	0.122 9	0.022 6	0.203 6	0.393 7	0.262 4	0.117 6
	服务满意度	0.360 1	0.025 4	0.194 5	0.334 8	0.301 9	0.143 5

5.3.2 综合评价结果

结合表 5.9 中的数据，运用加权平均即可得到三种服务组织模式的综合评价结果，详见表 5.10。

从表 5.10 中可以看出，市场服务组织模式综合得分为 80.4，产业服务组织模式综合得分为 79.3，合作服务组织模式综合得分为 76.13，表明市场服务组织模式的综合绩效最优，其次是产业服务组织模式，最后是合作服务组织模式。即市场服务组织模式是最具有目标兼容性的服务组织模式，这证实了本研究第 4 章提出的理论假说 3。换言之，在市场服务组织模式下，农业社会化服务组织通过有偿供给服务的方式，将现代生产要素引入小农户农业生产经营过程中，不仅可以促进小农户农业现代化，而且能够有效提高小农户的经济收益及其服务满意度。该结果与孙晓燕、苏昕（2012）和赵佳、姜长云（2013）的研究结论类似。他们也发现，市场服务组织模式有利于实现粮食生产的机械化和科学化、促进粮食提质增产，同时也有利于小农户参与分工协作，有效降低劳动、农机、农资等粮食生产成本，有利于小农户获取分工和专业化带来的经济收益。

表 5.10   三种服务组织模式的综合绩效评价结果

类型	评定级别					
	很好（100）	好（90）	一般（80）	差（70）	很差（60）	综合得分
市场服务组织模式	0.065 9	0.243 6	0.411 4	0.223 2	0.055 8	80.40
产业服务组织模式	0.053 4	0.245 0	0.351 4	0.279 4	0.070 7	79.30
合作服务组织模式	0.027 9	0.179 9	0.322 3	0.317 4	0.152 6	76.13

5.4   本章小结

本章以实地调查获取的一手数据为基础，对第 4 章提出的三个理论假说分别进行了实证检验。采用倾向得分匹配（PSM）方法实证分析了三种服务组织模式对耕地保护、粮食安全和小农户经济收益的影响。同时，运用 Ordered Probit 模型比较分析了三种服务组织模式下小农户的服务满意度，并考察了三种服务组织模式下小农户服务满意度的影响因素。进一步地，采用模糊综合评价方法对三种服务组织模式的综合绩效进行了评价。

本章研究发现，产业服务组织模式、合作服务组织模式和市场服务组织模式在带动小农户发展现代农业方面均发挥了积极作用，但不同服务组织模式的运行绩效还存在显著差异。从国家政策目标角度来看，产业服务组织模式相对于其他两种模式具有粮食亩均化肥施用量少和粮食亩产量高的比较优势；从小农户福利目标角度来看，市场服务组织模式下小农户的粮食亩均利润和服务满意度均为最高；综合国家政策目标和小农户福利目标来看，市场服务组织模式综合绩效最优。验证了第 4 章提出的三个理论假说。

同时，实证分析中还发现，户主年龄、受教育程度、农业收入占家庭收入的比例、服务种类、服务的便捷性、有无政策支持等是影响小农户服务满意度的重要因素，且三种服务组织模式下小农户服务满意度的影响因素存在一定差异。产业服务组织模式下小农户服务满意度受到户主的受教育程度、农业收入占家庭收入的比例、服务的便捷性和有无政策支持等因素的显著影响；合作服务组织模式下小农户服务满意度受到户主年龄、受教育程度、服务种类、服务的便捷性和有无政策支持等因素的显著影响；户主年龄、受教育程度、农业收入占家庭收入的比例、服务种类和服务的便捷性等因素是影响市场服务组织模式下小农户服务满意度的关键因素。

第 6 章　小农户和现代农业衔接的服务组织模式：效率分析

　　第 5 章分别从宏观层面的国家政策目标和微观层面的小农户福利目标对小农户和现代农业衔接的三种不同服务组织模式的绩效进行了深入研究，而小农户家庭经营发展的现实瓶颈在于其低下的生产效率，因此要对各衔接的服务组织模式作出系统评价，就要考察不同服务组织模式在提升小农户生产效率方面所发挥的作用。鉴于小农户农业生产要素投入的有限性，对其技术效率进行分析能够有效反映不同服务组织模式下小农户的要素配置是否科学合理，故本章将重点关注不同服务组织模式对小农户农业生产技术效率的影响。具体以微观调查数据为证据，运用超越对数随机前沿生产函数（Translog‐SFA）模型，测算产业服务组织模式、合作服务组织模式和市场服务组织模式下小农户农业生产技术效率以及未参与小农户农业生产技术效率，同时基于拟合出的超越对数生产函数，分别计算不同服务组织模式下小农户农业生产中土地、劳动和资本等要素的产出弹性，并进一步运用 Tobit 模型分析影响其技术效率的主要因素。本章结构安排如下：第一部分介绍研究方法与模型设定；第二部分为数据来源与描述性分析；第三部分测算与分析三种服务组织模式下小农户技术效率；第四部分论述三种服务组织模式下小农户技术效率的影响因素；第五部分为本章小结。

6.1　研究方法与模型设定

6.1.1　研究方法

目前应用最为广泛且被学术界普遍接受的技术效率（Technical efficiency）概念由 Leibenstein 于 1966 年提出（金钰，2010）。即在一定条件下，一个生产单位的实际产出水平与最大产出水平之比。这一概念可用图 6.1 来表示。假设在规模报酬不变的情况下，投入一种要素（X），生产两种产出（Y_1 和 Y_2），生产可能性曲线（产出的前沿面）为 ZZ'，DD' 为等收入曲线。在投入要素一定的情况下，OA、OB 分别为实际产出和最大产出，AB 表示在投入要素一定的情况下生产单位可能增加的产出量。那么技术效率 $TE = \dfrac{OA}{OB} = 1 - \dfrac{AB}{OB}$，其取值范围为 0～1。由此可见，技术效率水平决定了生产者的实际产出水平与其前沿产出水平的差距，同时也反映了技术的有效利用程度。

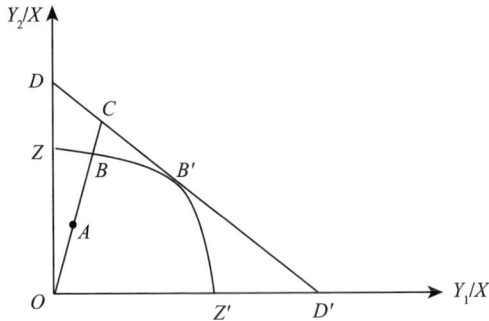

图 6.1　技术效率

现有研究关于技术效率测度的方法主要有非参数法和参数法两大类。其中，非参数法代表性的是数据包络分析法（DEA）。数据包络分析是在 1978 年由 A. Charnes 和 W. W. Cooper 等人提出，它是基于相对效率概念，运用数学规划（包括多目标规划、线性规划、随机规划和半无限规划等）方法评价多个输入、输出生产单位［称为决策单元（Decision Making Unit，简称 DMU）］间的有效性（即 DEA 有效），并根据各个 DMU 的数据来判断 DMU 是否为数据包络分析有效，本质上是判断 DMU 是否处于

"生产可能集"的生产前沿面上。数据包络分析的基本思想是将每个样本观测值作为一个决策单元，并将全部决策单元的投入、产出数据组成可行集合，然后使用数学规划方法，找出决策单元每个投入、产出变量的最优权重来构造一个最优生产前沿面，从而测算每个决策单元与该最优前沿面的相对距离，以便考察每个决策单元的效率损失以及效率改进的方向和大小（魏权龄，2006）。

数据包络分析方法的主要优点是：该模型无须考虑生产前沿的具体函数形式，只需要投入产出数据，在分析多投入、多产出情况时具有显著优势，并且该模型易于作其他形式的扩展，目前最具代表性的模型有十多种：C^2R 模型、BC^2 模型、FG 模型、ST 模型、逆 DEA 模型、综合 DEA 模型等。此外，由于数据包络分析中决策单元投入、产出的最优权重是通过数学规划方法求得，所求权重是客观的，这有效避免了主观确定权重带来的误差。然而，数据包络分析方法的缺点在于：它忽略了随机扰动因素对产出的影响，而将影响产出的随机扰动因素全部纳入无效率项中，把观测到的决策单元的实际产出值与最优前沿面间的距离视作无效率的结果。同时，数据包络分析法计算结果的稳定性较差。由于数据包络分析法是通过技术有效的样本构建生产前沿面，这些样本的信息决定了计算结果，若样本存在异常值，就会对结果产生较大的影响。并且，数据包络分析法无法对计算结果进行统计检验，导致计算结果缺乏可信度。

代表性的参数法是随机前沿分析法（SFA）。随机前沿分析法最先由 Farrel 于 1957 年提出，主要应用于横截面数据和面板数据。随机前沿分析法是在生产函数形式确定的基础上来测算效率，其基本思想是利用生产函数与随机扰动项来构建随机生产前沿。目前，在随机前沿分析中较为常用的生产函数形式有柯布—道格拉斯生产函数（Cobb - Douglas production function，简称 C - D 函数）、超越对数生产函数（Translog production function，简称 Translog 函数）。其中，C - D 函数形式简洁，参数具有明显的经济学含义；Translog 函数考虑了投入要素相互作用对产出的影响，避免了 C - D 函数替代弹性为 1 的缺点。并且，C - D 函数是 Translog 函数的一种特殊形式。但具体选取何种生产函数形式，还须根据相关统计检验来决定。

随机前沿分析法的主要优点在于：充分考虑了随机因素对产出的影

响，并将实际产出划分为生产函数、随机因素及技术无效率三项，有效分离了影响效率的可控因素与不可控因素，使得测算结果更加合理且符合现实。同时，在方法上，随机前沿分析是利用极大似然估计法（ML）来估计出模型中各个参数值，进而计算出各个决策单元的效率，该方法不仅利用了每个样本的信息，而且一致对待每个样本。因此，随机前沿分析法的计算结果较为稳定。另外，随机前沿分析中利用极大似然估计法（ML）估计出的参数值具有大样本的相合性，并且随机前沿分析还可对计算结果做相应的统计意义上的检验。然而，随机前沿分析法的缺点是构建模型时需要对生产函数、技术无效率项分布的具体形式进行假设，导致模型设定易受到质疑（李双杰和范超，2009）。在现有研究中，不少国外学者运用随机前沿模型对农户生产的技术效率进行测算，如 Abdulai 和 Eberlin（2001）、Bäckman 等（2011）和 Heshmati 等（1994）。国内学者金福良等（2013）运用随机前沿模型对我国不同规模农户油菜生产技术效率进行了测度。陈超等（2018）基于超越对数随机前沿函数模型分析了不同组织模式下桃农的技术效率及其影响因素。霍学喜和侯建昀（2012）也采用 SFA 方法测算了不同栽培模式下苹果种植户的技术效率。

综合上述对数据包络分析法（DEA）和随机前沿分析法（SFA）的比较，鉴于农业生产的特点，为了更好地反映小农户技术利用情况，需要综合考虑技术非效率和随机因素的冲击。同时，Pitt 等（1981）和 Gong 等（1989）学者均认为在模型设定合理的情况下，随机前沿生产函数模型对现实的拟合程度相对包络分析法更优。故本研究最终选取随机前沿分析法（SFA）对不同服务组织模式下小农户农业生产技术效率进行测度与分析，采用的是 Battese 和 Coelli（1992）提出的随机前沿生产函数模型，具体形式为：

$$Y_i = f(X_i, \beta) \exp(v_i) \tag{6.1}$$

在（6.1）式中，Y_i 为第 i 个样本的产出向量，X_i 为第 i 个样本的要素投入向量；$\exp(v_i)$ 反映既定要素投入水平和生产技术下，由各种随机因素所导致的实际产出和生产可能性边界上的最大产出之间的偏离程度，且 v_i 可正可负；β 为待估计参数。

除随机因素之外，小农户自身也可能存在各种低效率行为导致产出未能实现最优。假定小农户的实际产出为 Y'，最优产出记为 Y，则技术效率

（TE）为实际产出与最优产出的比值 Y'/Y。因此，考虑了技术效率后的生产函数形式为：

$$Y_i = f(X_i, \beta)\exp(-u_i) \qquad (6.2)$$

在（6.2）式中，u_i 为技术无效率指数。

结合（6.1）式和（6.2）式，同时考虑技术效率与随机因素的线性对数化生产函数形式为：

$$\ln Y_i = \ln f(X_i, \beta) + \nu_i - u_i \qquad (6.3)$$

最后，基于（6.3）式对 u_i 进行估计（$\hat{u}_i$ 为其估计值），则各样本的技术效率可通过（6.4）式计算获得：

$$TE = \exp(-\hat{u}_i) \qquad (6.4)$$

6.1.2 模型设定

(1) 超越对数形式的随机前沿生产函数模型

为了更好地反映生产函数中各种不同投入要素之间的相互影响以及考虑到模型的相对灵活性，本书参考许庆等（2011）的做法采取以下超越对数形式的随机前沿生产函数模型对不同服务组织模式下小农户技术效率进行测度与分析，函数具体形式如下：

$$\ln Y_i = \beta_0 + \beta_1 \ln L_i + \beta_2 \ln W_i + \beta_3 \ln K_i + \frac{1}{2}\beta_4 (\ln L_i)^2 + \frac{1}{2}\beta_5 (\ln W_i)^2 +$$

$$\frac{1}{2}\beta_6 (\ln K_i)^2 + \beta_7 (\ln L_i) \times (\ln W_i) + \beta_8 (\ln L_i) \times (\ln K_i) +$$

$$\beta_9 (\ln W_i) \times (\ln K_i) + \nu_i - u_i \qquad (6.5)$$

（6.5）式中，i 为样本小农户编号；Y 表示粮食产出，本书以小农户当年从事粮食生产经营的总收入来衡量，单位为 $\times 10^3$ 元，为了使测算结果更加准确，收入数据中不包括政府补贴、工资性收入等非农收入；L 表示土地投入，具体采用小农户当年种植粮食的耕地面积来衡量，单位为亩；W 表示劳动投入，参考现有研究做法，本书以小农户当年从事粮食生产所投入的劳动投工数量来表征，单位为工日，换算标准为：一个劳动力工作 8 小时记为一个工日；K 表示资本投入，粮食生产资本投入主要指种子、农药、化肥和灌溉等物质投入与购买农业社会化服务相关费用等资本性投入的合计，单位为 $\times 10^3$ 元，这种处理方法有效避免了将中间投入分项纳入生产函数中可能导致的多重共线性问题；β 为模型的待估计参数；v_i 服从正态分布，即 $v_i \sim N(0, \sigma_v^2)$，$u_i$ 服从非负截尾正态分布，即 $u_i \sim N^+$ (μ_i, σ_u^2)，且 v_i 和 u_i 相互独立。

由于（6.5）式的回归方程含有技术非效率项和随机因素，故用极大似然法（ML）进行参数估计，似然函数中采用了方差参数（T. Coelli，1995；李谷成等，2007）。

$$\sigma_s^2 = \sigma_v^2 + \sigma_u^2, \gamma = \sigma_u^2 / \sigma_s^2 \quad (0 \leqslant \gamma \leqslant 1) \qquad (6.6)$$

（6.6）式中，γ 表示随机扰动项中技术非效率占比，由 γ 值可判断模型设定是否恰当。当 γ 值趋向于 0 时，表明实际产出和最优产出的差距主要来源于随机因素，模型设定存在偏误；当 γ 值趋向于 1 时，说明技术非效率是误差的主要来源，采用随机前沿模型是适宜的。

（2）不同投入要素产出弹性计算公式

技术效率反映的是全部投入要素的综合产出率，未能体现单个投入要素的产出率。为了探究不同服务组织模式对单个投入要素产出率的影响，本书将进一步测算小农户生产中不同投入要素的产出弹性。要素产出弹性是在既定技术水平下，其他生产要素的投入量保持不变，某一种生产要素投入发生一个百分点变动，所引起的产出量的百分比变动。该指标能够直观反映不同生产要素投入对产出的贡献情况。考虑到本书采用的超越对数生产函数包括不同投入要素的一次项、二次项和交叉项，因而拟合回归出的系数不能直接说明不同投入要素的产出弹性，需进一步计算（曾雅婷等，2018）。

土地（L）、劳动（W）和资本（K）等要素的产出弹性计算公式分别为：

$$\theta_L = \beta_1 + \beta_4 \ln L + \beta_7 \ln W + \beta_8 \ln K \qquad (6.7)$$

$$\theta_W = \beta_2 + \beta_5 \ln W + \beta_7 \ln L + \beta_9 \ln K \qquad (6.8)$$

$$\theta_K = \beta_3 + \beta_6 \ln K + \beta_8 \ln L + \beta_9 \ln W \qquad (6.9)$$

在（6.7）式中，β_1 和 β_4 分别为土地要素的一次项和二次项的估计系数，β_7 和 β_8 分别为土地与劳动和土地与资本的交叉项的估计系数；$\ln L$、$\ln W$ 和 $\ln K$ 分别为土地、劳动和资本投入取对数后的平均值。在（6.8）式中，β_2 和 β_5 分别为劳动要素的一次项和二次项的估计系数，β_7 和 β_9 分别为土地与劳动和劳动与资本的交叉项的估计系数；$\ln W$、$\ln L$ 和 $\ln K$ 分别为劳动、土地和资本投入取对数后的平均值。在（6.9）式中，β_3 和 β_6 分别为资本要素的一次项和二次项的估计系数，β_8 和 β_9 分别为土地与资本和劳动与资本的交叉项的估计系数；$\ln K$、$\ln L$ 和 $\ln W$ 分别为资本、土地和劳动投入取对数后的平均值。

（3）小农户粮食生产技术效率影响因素模型

由于小农户粮食生产的技术效率值是介于 0 和 1 之间的受限变量，故本书采用 Tobit 模型分析影响不同服务组织模式下小农户技术效率的因素。具体模型如（6.10）式所示。

$$TE_i = \delta_0 + \sum_{n=1}^{6} \delta_n Z_{ni} + \varepsilon_i \qquad (6.10)$$

（6.10）式中，Z_n 为影响不同服务组织模式下小农户技术效率的因素，本书主要选取户主受教育程度、技术培训、家庭人均收入、家庭社会关系网络特征、耕地细碎化程度和农业生产性服务利用程度等因素；δ 为待估参数；ε 为随机扰动项。其中，关于技术效率影响因素变量的定义及其对技术效率的作用机制如下：

①户主受教育程度（*educa*）。关于户主受教育程度变量，本书采用五个等级来测度，其中小学及以下设为 1、初中设为 2、高中或中专设为 3、大专设为 4、本科及以上设为 5。一般而言，户主是家庭农业生产的决策者，教育是人力资本投资的主要手段之一，户主受教育程度作为人力资本变量对农业生产技术效率具有重要影响。从理论上来看，一方面，户主受教育程度越高则利用农业生产技术的能力越强，越有助于提高粮食生产效率；另一方面，受教育程度高的农户更易于从事非农生产活动，导致农村人力资本弱化，从而制约农业技术进步，降低粮食生产技术效率。Temple（2001）研究发现，受教育程度变量对农业生产技术效率的贡献并不明显。这种情况常被学者们归结为受教育程度差异对技术效率的影响相互抵消所致（李谷成等，2007）。

②技术培训（*if _ techni*）。本书以小农户家庭劳动力中是否有人接受过农业技术培训作为技术培训变量的衡量指标，接受过农业技术培训取值为 1，否则取值为 0。作为一种非正规教育，技术培训也是人力资本投资的重要手段之一。对小农户进行农业技术培训，能够使其更加了解现代农业生产技术的特点、掌握使用技术的能力以及生产管理经验。一般而言，若小农户家庭劳动力中有人接受过技术培训，则有利于农业生产技术效率

的提高。

③家庭人均收入（p_income）。本书采用小农户家庭年总收入与家庭成员数之比来衡量家庭人均收入。小农户家庭人均收入水平一定程度上反映了小农户家庭的经济状况。家庭人均收入水平越高，意味着可支配的资金越多，购置、更新以及追加农业生产性投资的能力越强，从而对农业生产技术效率产生积极影响。此外，小农户家庭经济收入的改善也会使其将更多的资金用于家庭消费，而非购置和使用先进农机具进行农业投资。因此，家庭经济情况对农业生产效率的作用存在不确定性。

④家庭社会关系网络特征（$trust$）。本书选择小农户对周围人的信任程度来表征家庭社会关系网络特征，共分为五个等级，以5表示"完全信任"、以4表示"比较信任"、以3表示"一般"、以2表示"不太信任"、以1表示"完全不信任"。在我国，农村社会是一个熟人社会，社会关系网络是熟人社会的典型特征。家庭社会关系网络是小农户生存发展的重要资源，会影响小农户的生产经营行为选择。钟真和孔祥智（2013）的研究表明，农村中亲缘、血缘和业缘等社会关系网络对于小农户行动逻辑具有重要影响。并且，家庭社会关系网络有助于发挥集体行动的优势，促进农业技术的大规模推广和应用，从而影响小农户农业生产的技术效率。

⑤耕地细碎化程度（$fragment$）。本书借鉴李谷成等（2009）做法，采用小农户该年经营平均每块耕地的面积来衡量耕地细碎化程度，即经营耕地的亩数与耕地经营块数的比值。在我国，小农户承包的耕地具有经营规模小且细碎化的特点。耕地细碎分散不仅阻碍了农业规模化经营，而且制约了先进机械设备的应用与推广，从而带来农业生产效率的损失。即地块面积越小，粮食生产的技术效率越低（G. H. Wan & E. Cheng，2001）。但也有研究认为耕地细碎化有利于充分发挥小农户精耕细作的比较优势，不会对技术效率产生负面影响（J. - P. Chavas et al.，2005）。

⑥农业社会化服务利用程度（ser_fee）。近年来，随着农村青壮年劳动力的大量转移，社会化服务在农业生产过程中发挥着越来越重要的作用。现有研究表明，社会化服务通过替代家庭劳动力，对粮食生产技术效率的提高产生显著促进作用。然而，农业自身的属性特征决定了不同生产环节采用的技术和标准化程度不同，导致农业社会化服务有可能降低技

效率。例如，在病虫害防治环节，农药喷洒的均匀度会直接影响防治效果（孙顶强等，2016）。本书借鉴孙顶强等（2016）做法，以亩均农业社会化服务支出来衡量农业社会化服务使用程度。小农户每亩服务支出越多，则其服务的采用程度越高。

6.2 数据来源与变量描述性统计

6.2.1 数据来源

本章数据来源于课题组 2018 年 5—11 月对安徽和山东 2 省 8 市的实地调查，共涉及 1 152 户小农户，其中参与服务组织的小农户有 812 户，未参与小农户有 340 户。具体数据说明见第 1 章。

6.2.2 变量描述性统计

为了全面反映小农户粮食生产中的投入产出情况，本书将从未参与小农户、产业服务组织模式下小农户、合作服务组织模式下小农户、市场服务组织模式下小农户和总样本等五种类别对微观调查数据进行统计描述（表 6.1）。

表 6.1 不同服务组织模式下小农户投入产出变量的描述性统计

类别	指标	产出（×10³ 元）	土地（亩）	劳动（工日）	资本（×10³ 元）
未参与 小农户	平均值	6.335	6.339	66.559	1.699
	标准差	1.479	1.299	13.636	0.365
	最大值	11.338	9.632	101.136	2.840
	最小值	3.571	4.240	44.520	0.954
产业服务 组织模式	平均值	9.398	7.275	58.198	2.904
	标准差	1.254	0.888	7.106	0.389
	最大值	12.735	9.451	75.608	3.978
	最小值	6.688	5.287	42.296	2.019
合作服务 组织模式	平均值	7.481	6.728	60.548	2.654
	标准差	1.293	0.938	8.439	0.388
	最大值	11.677	9.022	81.198	3.834
	最小值	5.054	5.014	45.126	1.845

（续）

类别	指标	产出（×10³ 元）	土地（亩）	劳动（工日）	资本（×10³ 元）
市场服务 组织模式	平均值	10.921	8.355	58.489	3.147
	标准差	2.287	1.473	10.310	0.578
	最大值	17.965	12.928	90.496	4.912
	最小值	4.301	3.708	25.956	1.402
总样本	平均值	8.549	7.201	61.065	2.595
	标准差	2.475	1.434	10.885	0.718
	最大值	17.965	12.928	101.136	4.912
	最小值	3.571	3.708	25.956	0.954

总体来看，样本小农户粮食产出平均为 8.549×10^3 元，粮食种植的耕地面积平均为 7.201 亩，小农户平均投入到粮食生产中的劳动量约 61 个工日，小农户的资本投入量平均为 2.595×10^3 元。

分类别来看，未参与小农户、产业服务组织模式下小农户、合作服务组织模式下小农户和市场服务组织模式下小农户在粮食投入产出上具有显著差异。就产出而言，参与服务组织的小农户粮食产出高于未参与小农户，其中市场服务组织模式下小农户粮食产出最高，达到 10.921×10^3 元，其次是产业服务组织模式下小农户，粮食产出为 9.398×10^3 元，合作服务组织模式下小农户粮食产出最低，仅为 7.481×10^3 元；就要素投入而言，土地和资本投入从高到低依次为：市场服务组织模式下小农户、产业服务组织模式下小农户、合作服务组织模式下小农户、未参与小农户，可见参与服务组织的小农户土地耕种规模和资本投入比未参与小农户大。而劳动投入从高到低依次为：未参与小农户（66.559 工日）、合作服务组织模式下小农户（60.548 工日）、市场服务组织模式下小农户（58.489 工日）、产业服务组织模式下小农户（58.198 工日），表明未参与小农户的劳动投入高于服务组织模式下小农户的劳动投入，这与服务组织模式下小农户的生产方式转变有关，参与服务组织的小农户注重投入现代化生产要素，倾向于以资本替代劳动，从而有效减少了劳动投入。

小农户粮食种植技术效率影响因素变量的描述性统计见表 6.2。样本小农户户主受教育程度的平均值为 1.856，说明大部分户主受教育程度集中在初中及以下水平；有 12.5% 的小农户接受过农业技术培训；样本小农户家庭人均收入达到 8.450×10^3 元；小农户对周围人信任程度的平均值为 4.056，表明小农户对周围人的信任程度比较高，这与农村熟人社会的特征相符；小农户经营耕地的平均面积为每块 1.012 亩；参与服务组织的小农户亩均农业社会化服务费为 0.150×10^3 元。

表 6.2　技术效率影响因素变量的描述性统计

变量	变量定义	平均值	标准差	最大值	最小值
educa	小学及以下＝1；初中＝2；高中或中专＝3；大专＝4；本科及以上＝5	1.856	0.838	5.000	1.000
if_techni	是＝1；否＝0	0.125	0.212	1.000	0.000
p_income	家庭年总收入与家庭成员数之比（×10³元/人）	8.450	6.245	10.521	2.125
trust	完全不信任＝1；不太信任＝2；一般＝3；比较信任＝4；完全信任＝5	4.056	2.357	1.000	5.000
fragment	该年经营平均每块耕地的面积（亩/块）	1.012	0.756	1.214	0.891
service	亩均农业社会化服务费（千元）	0.150	0.245	0.198	0.112

6.3　三种服务组织模式下小农户技术效率测算及其结果分析

6.3.1　模型的基础检验

考虑到随机前沿生产函数模型的结论取决于具体的函数形式，而函数形式设定是否恰当会影响研究结论的正确与否，本书采用极大似然比检验法对模型（6.5）的设定进行了三个方面的假设检验。其中，第一个假设检验考察生产前沿函数是否可以退化为 C-D 函数形式，即检验所有交互项与平方项的系数是否为零；第二个假设检验考察技术无效率存在与否，即检验 μ、γ 是否同时为零；第三个假设检验考察技术无效率指数是否服从半正态分布，即 μ 是否为零。上述相关检验结果如表 6.3 所示。

由表 6.3 可知，上述三个检验结果均在 1% 的显著性水平上拒绝了原假设。具体来看，拒绝假设 1 说明 Translog 函数相对于 C-D 函数能够更充分反映小农户的投入产出情况，同时也说明投入要素间的相互作用对粮食产出增长具有重要影响；拒绝假设 2 意味着小农户在进行农业生产时存在技术无效率；拒绝假设 3 表明技术无效率指数不可以退化为零均值的半正态分布。

表 6.3　模型的假设检验结果

假设检验		d. f.	LR 值	检验结果
假设 1	$H_0: \beta_4 = \beta_5 = \beta_6 = \beta_7 = \beta_8 = \beta_9 = 0$	6	718.503***	拒绝
假设 2	$H_0: \mu = \gamma = 0$	2	807.106***	拒绝
假设 3	$H_0: \mu = 0$	1	805.080***	拒绝

6.3.2　随机前沿生产函数模型估计

本书使用 Frontier 4.1 软件对计量模型中的参数进行估计，具体结果如表 6.4 所示。从参数估计结果来看，估计值基本上都通过了 t 检验，体现出 Translog 函数模型具有较强的解释力。并且，γ 值为 0.896，在 1% 的水平上显著，表明误差主要来自技术非效率，而随机因素只占误差的 10.4%。

表 6.4　Translog 模型回归结果

变量	参数	系数	标准误
Constant	β_0	-5.525***	0.285
$\ln L$	β_1	0.727***	0.041
$\ln W$	β_2	0.203**	0.102
$\ln K$	β_3	0.232***	0.019
$(\ln L)^2$	β_4	-0.013*	0.007
$(\ln W)^2$	β_5	-0.059	1.002
$(\ln K)^2$	β_6	-0.020*	0.011
$(\ln L) \times (\ln W)$	β_7	-0.040	0.026
$(\ln L) \times (\ln K)$	β_8	0.036*	0.021
$(\ln W) \times (\ln K)$	β_9	0.025**	0.012
σ^2	—	0.150***	0.009
γ	—	0.896***	0.157

注：*、**、***分别表示 10%、5% 和 1% 水平上显著。

6.3.3 三种服务组织模式下小农户技术效率分析

表 6.5 显示了同一生产前沿面下不同服务组织模式下小农户技术效率的特征值情况。根据表 6.5 可以看出：第一，总样本中小农户粮食生产的技术效率为 0.804，说明小农户的粮食生产有 19.6% 的技术效率损失，在既定要素投入水平条件下，消除技术无效率可以进一步促进粮食产出的增加；第二，未参与小农户的粮食生产技术效率为 0.759，参与不同服务组织的小农户粮食生产技术效率均比未参与小农户高，表明小农户通过接受服务组织的农业社会化服务实现了技术效率的提升。该结果与前文理论分析结论一致，三种服务组织模式在一定程度上改善了小农户农业生产的技术条件和要素的配置效率，从而提高了技术效率；第三，从不同服务组织模式来看，市场服务组织模式下小农户的技术效率为 0.838，略高于产业服务组织模式下小农户的技术效率，而合作服务组织模式下小农户的技术效率仅为 0.787，显著低于市场服务组织模式和产业服务组织模式下小农户的技术效率。这一结果表明合作服务组织模式下小农户的技术应用程度不高。究其原因，一方面，合作社作为弱势群体的互助合作组织，服务能力相对较弱，导致其为社员小农户提供农业社会化服务的功能不全；另一方面，现阶段小农户经营规模小且异质性强，同时缺乏制度建构的外部支持，导致合作社内部组织成本高的劣势更加突出，而获取规模经济的优势却难以发挥，从而造成较大的技术效率损失（邓衡山等，2016）。然而，产业服务组织模式和市场服务组织模式具有服务能力强、服务精准化程度高的特征，一定程度上能够促进小农户在农业生产过程中对现代生产要素的合理利用，有助于提高小农户粮食生产技术效率。

表 6.5 不同服务组织模式下小农户技术效率比较

技术效率	产业服务组织模式	合作服务组织模式	市场服务组织模式	未参与小农户	总样本
平均值	0.837	0.787	0.838	0.759	0.804
标准差	0.056	0.070	0.059	0.074	0.074
最大值	0.970	0.956	0.960	0.947	0.970
最小值	0.718	0.618	0.703	0.557	0.557

为了更直观地反映不同服务组织模式下小农户的粮食生产技术效率分布情况，本书将通过绘制图形进一步进行可视化分析。从图 6.2 中可以看出，产业服务组织模式和市场服务组织模式下小农户的技术效率主要集中在 0.8～0.9 区间内，样本小农户分别有 129 户和 188 户，占各自总样本数的 58.4% 和 59.7%。并且，产业服务组织模式中有 31 户小农户的技术效率在 0.9 以上，占总样本数的 14.0%；市场服务组织模式中有 47 户小农户的技术效率在 0.9 以上，占总样本数的 14.9%。总体来看，产业服务组织模式下小农户的技术效率分布和市场服务组织模式下小农户的技术效率分布没有显著差异，这表明市场服务组织模式和产业服务组织模式下小农户的农业技术利用程度较高且二者相近。

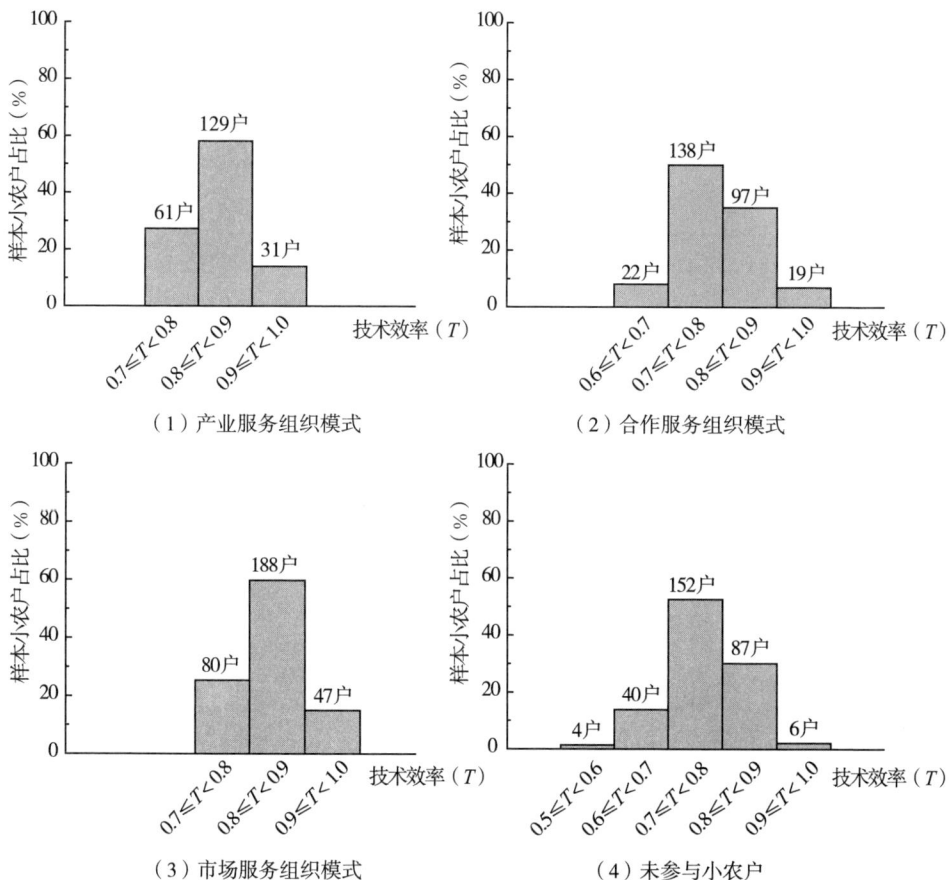

图 6.2 不同服务组织模式下小农户技术效率分布情况

合作服务组织模式下小农户和未参与小农户的技术效率主要集中在 0.7~0.8 区间内，样本小农户分别有 138 户和 152 户，分别占总样本的 50%和 52.6%。并且，合作服务组织模式中有 116 户小农户的技术效率在 0.8 以上，占总样本的 42.0%；未参与小农户中有 93 户小农户的技术效率在 0.8 以上，占总样本的 32.2%。总体来看，合作服务组织模式下小农户的技术效率分布要优于未参与小农户的技术效率分布。这说明合作服务组织模式下小农户的农业技术利用程度比未参与小农户要高，但与产业服务组织模式和市场服务组织模式相比，合作服务组织模式下小农户的技术使用水平并没有显著提高。

6.3.4 三种服务组织模式下各投入要素产出弹性分析

根据上述参数估计结果，本书分别计算了总样本、未参与小农户、产业服务组织模式下小农户、合作服务组织模式下小农户和市场服务组织模式下小农户不同投入要素的产出弹性，计算结果见表 6.6。

表 6.6 不同投入要素产出弹性

投入要素产出弹性	产业服务组织模式	合作服务组织模式	市场服务组织模式	未参与小农户	总样本
土地投入	0.821	0.818	0.822	0.782	0.817
劳动投入	0.083	0.074	0.081	0.057	0.078
资本投入	0.246	0.230	0.249	0.199	0.242

从样本总体情况来看，在各种投入要素中，土地的产出弹性最大，说明土地是粮食生产中最为重要的生产要素。该结果与许庆等（2011）和 Wan、Cheng（2001）使用农户调查数据得出的结论类似。而劳动的产出弹性明显低于土地和资本产出弹性，这可能是由于我国农村仍有大量农业剩余劳动力，粮食生产过程中存在劳动要素过度投入，导致劳动的边际产出较低。

从参与三种服务组织的小农户和未参与小农户的要素产出弹性来看，参与不同服务组织的小农户土地、劳动和资本的产出弹性均比未参与小农户大，可能由于服务组织模式下小农户农业生产的组织化程度相对较高，有利于推动农业适度规模经营，进而提高土地要素的配置效率和利用率。同时，服务组织模式下小农户通过接受农业社会化服务，将现代农业机械设备引入生产中，发挥机械的劳动替代效应，有助于减少劳动投入，进而提高劳动的边际产出。并且，相对于服务组织模式下小农户，未参与小农户在农业技术、信息获取上通常较为被动且缺乏积极性，往往沿袭传统的生产方式，采用追加农药、化肥等资本要素投入的方式来提高农业生产率，导致资本的产出弹性降低。

从三种服务组织模式下小农户的要素产出弹性来看，土地要素的产出弹性最大，其次是资本要素的产出弹性，劳动要素的产出弹性最小。就土地要素的产出弹性来看，市场服务组织模式下小农户的土地产出弹性系数为 0.822，高于产业服务组织模式的 0.821 和合作服务组织模式的 0.818。这说明相对于产业服务组织模式和合作服务组织模式来说，市场服务组织模式更有利于提高土地产出率。就劳动要素的产出弹性来看，产业服务组织模式下小农户的劳动产出弹性系数为 0.083，高于市场服务组织模式的 0.081 和合作服务组织模式的 0.074。这说明相对于合作服务组织模式和市场服务组织模式来说，产业服务组织模式更有利于优化粮食生产中劳动要素的配置，提高劳动产出率。就资本要素的产出弹性来看，市场服务组织模式下小农户的资本产出弹性系数为 0.249，高于产业服务组织模式的 0.246 和合作服务组织模式的 0.230。这说明相对于产业服务组织模式和合作服务组织模式来说，市场服务组织模式更有利于提高资本产出率。总体来看，市场服务组织模式和产业服务组织模式下小农户的土地、劳动和资本等要素的产出弹性没有显著差异，但均高于合作服务组织模式下小农户的各要素产出弹性。这可能是由于合作服务组织模式相对于产业服务组织模式和市场服务组织模式来说仍存在服务不到位、服务功能缺失等问题，从而未能显著提高各要素的产出率。

6.4　三种服务组织模式下小农户技术效率影响因素分析

表 6.7 显示了不同服务组织模式下小农户粮食生产技术效率影响因素的估计结果。

表 6.7 技术效率影响因素 Tobit 模型估计结果

变量	产业服务组织模式	合作服务组织模式	市场服务组织模式	未参与小农户	总样本
educa	0.005	−0.001	0.002**	−0.007	0.006
	(0.013)	(0.002)	(0.001)	(0.004)	(0.011)
if _ techni	−0.014	0.012	−0.019	0.052*	0.048
	(0.026)	(0.011)	(0.021)	(0.029)	(0.041)
p _ income	−0.280*	0.241**	0.155	0.191	0.163***
	(0.164)	(0.096)	(0.129)	(0.174)	(0.015)
trust	0.051*	0.070***	0.054**	0.023*	0.037***
	(0.027)	(0.015)	(0.027)	(0.012)	(0.014)
fragment	−0.004	−0.014***	−0.002**	0.008**	−0.009***
	(0.003)	(0.005)	(0.001)	(0.004)	(0.002)
ser _ fee	0.215***	0.202**	0.269***	—	—
	(0.017)	(0.091)	(0.019)		
Constant	1.015***	1.007***	1.018***	0.749***	0.789***
	(0.083)	(0.072)	(0.076)	(0.038)	(0.056)
Prob>Chi2	0.000	0.000	0.000	0.000	0.000
Log likelihood	575.034	652.270	863.159	365.547	1 522.450

注: *、**、***分别表示10%、5%和1%水平上显著，括号内为标准误。

从总样本来看，家庭人均收入（*p _ income*）和家庭社会关系网络特征（*trust*）系数均在1%的水平下正向显著，耕地细碎化程度（*fragment*）系数在1%水平下负向显著，说明小农户家庭人均收入水平、对周围人的信任程度越高，越能提高粮食生产技术效率，而耕地细碎化程度越高，越不利于技术效率的提高。

从不同服务组织模式下小农户粮食生产技术效率影响因素来看，产业服务组织模式下，家庭人均收入（*p _ income*）系数在10%水平下显著为负，说明该模式下小农户家庭资金充裕不利于粮食生产技术效率的提高。家庭社会关系网络特征（*trust*）、农业社会化服务利用程度（*ser _ fee*）两个变量的系数均为正，且分别通过10%和1%的显著性检验，说明该模式下小农户对周围人的信任程度越高，越有利于提高技术效率。并且，小农户每亩社会化服务支出越多，粮食生产技术效率越高。合作服务组织模式下，家庭人均收入（p_income）的系数在 5% 的水平上显著为正，这与产业服务组织模式的影响方向相反，表明在互助性的组织模式下，家庭资金禀赋充裕的社员更倾向于进行农业投资，提高生产技术效率。家庭社会关系网络特征（$trust$）、农业社会化服务利用程度（ser_fee）两个变量的系数均为正，且分别通过了 1% 和 5% 的显著性检验，这反映了小农户家庭社会关系网络对提高技术效率有积极影响，且该模式下农业社会化服务有利于提高粮食生产技术效率。耕地细碎化程度（$fragment$）系数在 1% 水平下负向显著，说明该模式下小农户耕地越细碎，越不利于技术效率提高。市场服务组织模式下，受教育程度（$educa$）系数在 5% 的水平下显著为正，这与合作服务组织模式的影响方向相反，可能的原因是市场服务组织模式下受教育程度高的小农户更愿意应用新品种和新技术，从而获得较高的技术效率。家庭社会关系网络特征（$trust$）、农业社会化服务利用程度（ser_fee）两个变量的系数均为正，且分别通过 5% 和 1% 的显著性检验，这与产业服务组织模式和合作服务组织模式的影响方向相同，表明这种模式下小农户的家庭社会关系网络、服务费支出对其技术效率的提高有积极影响。耕地细碎化程度（$fragment$）系数在 5% 水平下负向显著，说明该模式下小农户耕地细碎分散不利于技术效率提高。就未参与小农户而言，技术培训（if_techni）、家庭社会关系网络特征（$trust$）和耕地细碎化程度（$fragment$）三个变量的系数为正，且分别通过 10%、10% 和 5% 水平上的显著性检验。这表明对于未参与小农户而言，家庭有人接受过技术培训、对周围人信任度越高以及耕地越细碎，越能获得较高的技术效率。

　　综合比较不同服务组织模式下各影响因素的差异可以发现：从受教育程度（$educa$）来看，对于产业服务组织模式和市场服务组织模式下小农户而言，户主受教育程度与粮食生产技术效率之间均存在正向关系。正如前文所述，教育是人力资本投资的主要手段之一，受教育程度高的小农户对先进技术的掌握能力以及市场信号的反应能力也较高，从而有助于提高技术效率。而合作服务组织模式下小农户和未参与小农户，户主受教育程度表现出负效应，原因可能是合作服务组织模式下小农户和未参与小农户粮食生产更多依靠种植经验和自我尝试，而受教育程度高的小农户未能凸显出优势。

　　从技术培训（if_techni）来看，产业服务组织模式和市场服务组织模式下技术培训变量的系数为负，而合作服务组织模式和未参与小农户技术培训变量为正，这可能是因为产业服务组织模式和市场服务组织模式下小农户主要通过购买农业社会化服务的方式聘请技术管理人员，自身参与技术培训缺乏积极性。而合作服务组织模式下合作社提供的技术培训以知识讲解和实地操作示范为主，社员农户可以熟练掌握方法，从而有助于提高技术效率。未参与小农户更多依靠自身长期务农的经验进行生产，家庭劳动力接受过实用技术培训，则有利于其掌握农业生产管理技能，获得较高的技术效率。

从家庭人均收入（p_income）来看，合作服务组织模式下小农户、市场服务组织模式下小农户和未参与小农户的家庭人均收入对粮食生产技术效率均具有正向影响。这与绝大多数研究结果一致。小农户家庭收入水平很大程度上决定了其农业生产的投资能力，这意味着家庭人均收入水平越高，农业投资的能力越强，越有利于技术效率的提高。而产业服务组织模式下小农户的家庭人均收入表现出显著负效应，原因可能是产业服务组织模式下小农户粮食生产遵循企业统一安排，小农户家庭收入水平提高会使其将更多的资金用于消费，而非进行农业投资，从而对技术效率产生负向影响。

从家庭社会关系网络特征（$trust$）来看，无论是参与服务组织的小农户还是未参与小农户，其对周围人的信任程度对粮食生产技术效率均具有显著正向影响，即小农户对周围人的信任程度越高，越有利于提高粮食生产技术效率。这与小农户的行为逻辑内嵌在农村熟人社会关系网络中密切相关，社会关系网络有利于发挥集体行动的优势，促进农业技术的大规模推广和应用，从而影响技术效率。钟真和孔祥智（2013）的研究也得出类似的结论。

从耕地细碎化程度（$fragment$）来看，三种服务组织模式下耕地细碎化变量的系数均为负，而未参与小农户耕地细碎化变量的影响显著为正。究其原因，一方面是服务组织模式下小农户通常是通过购买农机服务来替代劳动进行生产，而机械设备受到耕地规模的限制，耕地细碎化程度越高，机械替代劳动的难度就越高，获取规模效益的难度也越大；另一方面未参与小农户从事农业生产活动主要以家庭手工劳动为主，耕地细碎化有利于充分发挥小农户精细密集管理的比较优势，从而不会对小农户技术效率产生负向影响（J. - P. Chavas et al. ，2005）。

从农业社会化服务利用程度（ser _ fee）来看，三种服务组织模式下小农户亩均服务费支出变量的系数均显著为正，表明在粮食生产过程中，小农户亩均服务费支出越多，粮食生产技术效率越高。换言之，农业社会化服务有利于促进粮食生产技术效率的提高。这与孙顶强等（2016）的研究结果一致。

6.5　本章小结

本章基于对安徽和山东两省 1 152 户小农户的微观调查数据，首先，运用超越对数随机前沿生产函数（Translog - SFA）模型测算了产业服务组织模式、合作服务组织模式和市场服务组织模式下小农户粮食生产的技术效率以及未参与小农户粮食生产的技术效率。其次，根据模型参数估计结果计算了不同服务组织模式下小农户粮食生产的要素产出弹性。最后，采用 Tobit 模型进一步分析了小农户粮食生产技术效率的主要影响因素。研究结论如下：

①从随机前沿生产函数的估计结果来看，总样本中小农户的粮食生产技术效率为 0.804，存在 19.6% 的技术效率损失。同时，参与服务组织的小农户粮食生产技术效率相对于未参与小农户要高。并且，市场服务组织模式下小农户的技术效率为 0.838，略高于产业服务组织模式下小农户的技术效率。但合作服务组织模式下小农户的技术效率仅为 0.787，显著低于市场服务组织模式和产业服务组织模式下小农户的技术效率。由此看出，虽然合作服务组织模式下的小农户与未参与小农户相比，具有一定的组织和管理优势，并且在粮食生产的规模化和集约化方面有了较大提高（这也是近年来政府支持农民专业合作社发展的重要原因），但由于合作社自身服务能力有限、服务功能弱，未能使得社员小农户的技术效率显著提高，这也是很多小农户不愿加入合作社的重要原因。

②从各要素的产出弹性来看，总样本中土地的产出弹性最大。并且，参与不同服务组织的小农户土地、劳动和资本的产出弹性均比未参与小农户大。此外，市场服务组织模式相对更有利于提高土地和资本产出率，而产业服务组织模式更有助于优化粮食生产中劳动要素的配置、提高劳动产

出率，但合作服务组织模式由于存在服务不到位、服务功能缺失等问题，未能显著提高各要素的产出率。

③从技术效率的影响因素分析来看，对总样本而言，家庭人均收入和家庭社会关系网络特征对技术效率有显著正向影响，而耕地细碎化程度则有显著的负向影响。对三种服务组织模式而言，家庭社会关系网络特征和农业生产性服务利用程度对三种服务组织模式下小农户技术效率有显著正向影响，但其他因素的影响方向和程度有差异。具体表现为：产业服务组织模式下，小农户家庭社会关系网络特征和农业生产性服务利用程度对技术效率有显著正向影响，而家庭人均收入表现出显著负效应；合作服务组织模式下，小农户家庭人均收入、家庭社会关系网络特征和农业生产性服务利用程度对技术效率有显著正向影响，而耕地细碎化程度则有显著负向影响；市场服务组织模式下，小农户受教育程度、家庭社会关系网络特征和农业生产性服务利用程度对技术效率有显著正向影响，而耕地细碎化程度则有显著负向影响。对于未参与小农户而言，技术培训、家庭社会关系网络特征和耕地细碎化程度的系数为正，即对技术效率有显著正向影响。

第 7 章　小农户和现代农业衔接的服务组织模式：实践经验与理论启示

依据前文分析，无论是产业服务组织模式，还是合作服务组织模式、市场服务组织模式，均有各自的制度特征、实现机制和运行绩效。并且，当前三种服务组织模式在一定程度上促进了小农户和现代农业衔接。但是，从绩效和效率的实证分析结果来看，三种服务组织模式在促进小农户和现代农业衔接过程中仍具有一定的提升空间。因此，本章将以调研案例为基础深入分析三种服务组织模式的实践经验及其存在的约束性难题，并揭示小农户和现代农业衔接的内在逻辑，进而对小农户和现代农业有效衔接进行理论设计。本章结构安排如下：第一部分基于安徽和山东的实地调研分析服务组织模式的实践经验；第二部分总结三种服务组织模式存在的约束性难题；第三部分从理论角度对小农户和现代农业有效衔接进行设计；第四部分为本章小结。

7.1　服务组织模式的典型案例——基于安徽和山东实地调研

本书的案例是基于对安徽和山东的实地调研所得，分别从三个县（市）各选取一个典型的服务组织模式作为调研对象。通过对各类服务组织（指下文的 L 公司、M 合作社和 W 农服公司）相关负责人进行访谈，了解各类服务组织带动小农户发展现代农业的相关信息，揭示三种服务组织模式的实践经验以及可能存在的约束性难题。

7.1.1 案例一：产业服务组织模式

L公司成立于2013年，位于安徽省宿州市埇桥区，埇桥区是首批国家现代农业示范区，同时也是全国主要商品粮生产基地之一。L公司结合这一区位优势，于2013年联结周边1 000多户小农户，开始发展"公司＋基地＋农户"模式，从事粮食生产种植。在该模式下，公司和小农户之间建立了合同式的利益联结机制，即公司与小农户双方通过签订销售合同和服务合同规定各自的权利和义务。具体表现为：公司规定粮食种植基地上的小农户实行统一种植方案、统一农资供应、统一植保、统一技术服务、统一田管、统一销售，小农户按照销售合同所规定的粮食数量和质量标准提供初级产品。在整个农业生产过程中，小农户仍然参与自家农田管理，主要做L公司规定以外的不能统一作业的事情。

为了控制小农户农业生产过程以及更好地管理小农户，L公司建立"赋能基地＋能人＋小农户"三位一体的农业生产服务模式（图7.1），旨在通过能人组织带动小农户。公司领导人认识到，农村社会中人际关系对小农户的行为选择具有支配性和约束性作用。在大多数情况下，小农户会受熟人关系的影响来做出相应的行为决策。于是，公司充分利用了乡村人际关系网络，通过熟人社会中形成的信赖关系来组织小农户。在具体实践中，公司动员当地具有较丰富社会资源的乡村能人参与合作，这类乡村能人通常拥有较大的话语权，并具有一定的社会威望和影响力，能够赢得小农户的信任和尊敬。公司借助这类乡村能人力量，发挥其协调作用和示范效应来组织带动小农户。为了寻找乡村能人，公司查询各个乡镇的农技站、农委（市、区）建立的信息档案，以及与村里相关干部人员进行交流、请他们帮忙推荐，最后通过筛选、培训，发展公司的能人，这些能人通常包括村干部、共产党员、自然村小组长、合作社社长、种植大户、返乡青年和农村老支部书记等。目前，L公司发展的能人有89个，平均每个能人服务面积达到300～400亩地。为了提高小农户的生产技能，公司还探索制定了一系列的培训和管理机制。依托乡镇培训中心和实践基地，公司发展的能人将公司的种植技术方案以交流学习和现场指导等方式，传授给参与合作的小农户。

在"赋能基地＋能人＋小农户"三位一体的农业生产服务模式下，L公司顺利实现将小农户的承包地转化为公司的粮食生产基地。为了提高粮食质量标准，L 公司利用自身的市场势力和资本实力建立了集粮食生产、加工、销售、烘干和仓储等八个环节为一体的全产业链。在该模式下，小农户不仅需要按照 L 公司规定的种植方案从事农业生产，而且需要接受 L 公司的动态监测，监测内容通常包括农药、化肥等农业化学品减量施用的执行情况，同时生产过程中所需的服务均由 L 公司统一提供。

这种一体化服务组织模式的采用，一方面解决了小农户粮食生产过程中现代生产要素投入问题，提高了小农户种粮收益，例如，2017 年与 L 公司合作的小农户小麦亩产比未参与小农户增加了 126 公斤；另一方面满足了 L 公司粮食质量标准的需要，L 公司通过统一测土配方施肥、统一选用良种、统一技术，使化肥、农药使用效率得到明显提高，粮食质量明显改善。然而，L 公司虽借助农村社会中的人际关系与小农户之间建立了合作，但由于小农户的剩余索取权缺乏且利益诉求机制缺失，在合作中获利较少，农业生产积极性往往较低，造成双方之间的合作经常处于不稳定状态。同时，因农业社会化服务的供给主要通过 L 公司"自上而下"地进行，忽视了小农户的实际服务需求，导致小农户难以获取其所需的服务。此外，L 公司利用自身资本实力优势购置了大量农机具，但因使用频率低、不适用于田间作业等问题而被闲置，引发了农机投资效率损失。

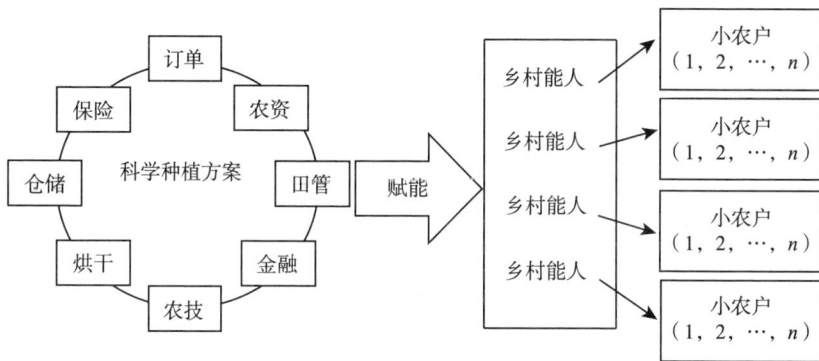

图 7.1　L 公司"赋能基地＋能人＋小农户"三位一体农业生产服务模式

7.1.2　案例二：合作服务组织模式

M 粮食种植专业合作社成立于 2014 年，位于安徽省淮南市凤台县某村，凤台县是全国粮食生产先进县。在 M 合作社成立之前，该村土地主要由留守老人和妇女种植，青壮年劳动力基本外出务工（主要流向附近县城或大城市），土地粗放种植、抛荒现象严重。曾有村民尝试过进行土地流转，但因流转租金较高和自然风险等，土地流转难以为继。2014年，在村"两委"的带动、引导和宣传动员下，成立村集体领办合作社，全村农户加入合作社，由村中5名村干部担任M合作社理事成员，负责合作社日常生产经营和管理活动。具体操作办法是：M合作社与农户签订入社协议书，规定双方的权利和义务。即社员农户负责管理和照看自家承包地，但须按照合作社要求决定种什么、怎么种以及产品如何销售等，合作社负责为社员农户提供各种社会化服务。据此，形成了以"生产在家、服务在社"为特征的合作服务组织模式。

具体来说，M合作社通过发挥自身组织功能，把村里相关的为农服务资源统筹起来、统一整合，为社员农户提供各类社会化服务。主要包括：（i）农资配送服务。合作社与有资质的大型农资公司签订购买合同，公司以出厂价直接将农资配送给合作社，社员再从合作社领取。（ii）农机作业服务。农业机械由合作社统一安排，大部分农业机械资源是通过整合村里闲置的农机具获取，小部分是借助政府财政补贴从市场上购买获得。（iii）种植技术服务。合作社通过网络社交平台（如QQ、微信），实时发布农业生产技术信息，要求社员农户按照技术规范进行操作。同时，聘请三名农技人员（主要来自当地农技站）采取分片包干的方式，下到田间地头对社员农户进行现场技术指导，合作社向社员提供的技术服务均是免费的。（iv）病虫害统防统治服务。合作社负责对社员承包地进行统一病虫害防治。（v）产品销售服务。合作社在年前根据相关订单制定生产种植计划，要求社员按照计划生产种植，收获的粮食由合作社负责统一收购，最终由合作社统一对外出售。

从M合作社现行实践来看，"生产在家、服务在社"的合作服务组织模式取得了一定的经济绩效。表现为：合作社通过统购分销、统一采用良种、统一技术标准等方式，不仅降低了种子、化肥和农药等农资的采购成本，而且提高了小农户粮食产量，获取了规模收益。根据访谈资料，2017年M合作社带动小农户大豆种植平均每亩增产47.5公斤，农资成本每亩节省21元，销售价格每斤比市场价增加0.15元，每亩总共增收105元。同时，合作社通过整合农村分散化的农机资源，使社员小农户分享技术创造的收益。然而，M合作社在运营过程中也遇到了一些难题。尽管村干部凭借自身的权威将全村的小农户组织起来，实现了土地规模化经营，但是，由于农机更新换代速度快，而合作社自身资源有限且经济能力较弱，无力购置技术先进的农机设备，导致其综合服务能力不足，以及抵抗自然风险和市场风险的能力缺乏。在正常年景下，社员农户种粮收益能够得到明显提高，而一旦遇到自然灾害和市场价格波动，社员农户的利益就难以得到有效保障，从而导致社员经常不遵守入社协议，造成合作社无法实行集体行动。

7.1.3 案例三：市场服务组织模式

W公司成立于2015年，位于山东省德州市。近年来，我国小农户不断趋于分化，非农兼业行为日益普遍，农业粗放经营现象不断加剧。为解决这些问题，W公司开始探索各类农业生产托管服务形式。目前，公司农业生产服务形式主要有三类："菜单式"生产托管服务、"订单式"全程托管服务和"合作式"平台托管服务等。其中，"菜单式"生产托管服务的服务对象主要是留守老人和妇女，公司根据委托农户的服务需求来开展相关服务；"订单式"全程托管服务的服务对象主要是外出打工的农户，服务覆盖从播种到收割全过程；"合作式"平台托管服务是指公司通过搭建农机服务平台，把小农户闲散的农机资源整合到公司统一管理、统一调配利用。

W公司农业生产托管服务的具体操作办法是：公司按照市场交易规则与小农户签订服务合同，在合同上针对各单项服务和全程服务进行明码标价，小农户根据自身的需求购买相应的农业生产服务。在该模式下，公司负责为委托农户提供相关服务，委托农户按照服务合同规定的价格支付服务费，并且委托农户享有种植决策权和产品处置权。截至2017年底，W公司已经为1 000多户小农户提供各类社会化服务，以冬小麦为例，全程社会化服务的价格为330元。为了实现土地连片化种植，W公司主要通过发挥村"两委"的组织协调能力来集中小农户分散的服务需求。另据当地农户反映，农业生产托管服务形式灵活多样，能够满足不同的服务需求，因而他们愿意采用这种服务方式进行农业生产。2017年，W公司服务的土地面积达到10万余亩。目前，W公司已形成了"五环服务模式"：一是订单供种、精准种植。公司通过签约有定向需求的粮食企业，为种植农户提供订单信息，并选用优质品种做订单种植。二是土壤检测、配方施肥。公司免费向订单农户提供土壤检测、种子质量检测和粮食质量检测等公益性服务，从而改善了农户过量施肥的现状。三是统防统治、降低农残。公司采用无人机飞防方式，每天作业达到 200～500 亩，既有效防治了病虫害，也降低了农户生产成本。四是科学收获、减少污染。公司采取统一作业标准，有效解决了单个农户焚烧秸秆污染环境的问题。五是保粮质量、加价回收。公司通过对订单农户建档进行编码管理，提供配套农业生产托管服务，进行标准化生产。3 年来，公司帮助小农户销售小麦近 9 万吨，为小农户增收达千万元。根据访谈资料，2017 年 W 公司在耕种、插秧、收割三个环节为小农户节约费用达到 40% 左右。从表 7.1 中可以看出，在耕种环节，与小农户自己耕种相比，土地托管后每亩节约 30 元；在插秧环节，小农户自己插秧费用亩均折合约 260 元，土地托管后每亩节约 140 元；在收割环节，小农户自己收割费用亩均折合约 80 元，土地托管后每亩节约 30 元。

总体来看，近年来 W 公司通过开展农业生产托管服务，初步解决了当地兼业农户、留守的老弱农户等不同类型农户的粮食种植问题，且提升了粮食生产的机械化、科学化水平，同时也提高了小农户种粮收益。但是，W 公司在农业生产托管服务的开展过程中也面临着一些现实问题。例如，全程托管服务需要在耕地连片区域进行，这一过程牵扯对多个小农户的组织动员问题，而在小农户分散决策的条件下，其意愿通常难以协调一致，从而增加了服务规模化的难度。

表 7.1　小农户与土地托管种植成本比较

单位：元/亩

生产环节	小农户	托管	费用差额
耕种环节	80	50	30
插秧环节	260	120	140
收割环节	80	50	30

7.2　三种服务组织模式存在的约束性难题

基于上文理论和实践分析，可以发现，产业服务组织模式、合作服务组织模式和市场服务组织模式均充分发挥了新型农业经营主体的服务带动作用，在一定程度上实现了小农户和现代农业衔接。但是，三种服务组织模式各自又面临特定的约束性难题。

虽然产业服务组织模式有利于发挥龙头企业的市场势力和资本实力优势，通过将现代农业技术、管理知识和经营理念引入小农户生产过程中，满足小农户的服务需求，促进小农户和现代农业衔接，但是，这种服务组织模式通常局限于农产品生产基地，不仅服务面积小，而且内含高昂的管理成本。调研中发现，L 公司既要管理能人，也要监督小农户，公司管理成本较高。同时，该模式由于龙头企业的市场势力较大、具有更强的博弈能力且处于绝对优势地位，易于产生机会主义行为，从而损害小农户的经济利益。相较于龙头企业，小农户处于弱势和边缘地位，缺乏决策参与权和谈判能力，且在农业产业链中分享到的利润极其有限。从调研案例来看，在与 L 公司合作的过程中，小农户被动参与现代农业发展，不仅服务需求被抑制，而且利益诉求机制缺失，双方不对等的博弈地位导致二者之间的合作处于不稳定状态，影响服务规模化的有效实现。例如，当粮食品质未达到规定的要求时，L 公司凭借自身的优势地位降低粮食收购价格或采取差额收购办法，从而导致小农户的经济利益受损。此外，从 L 公司的农机装备来看，农业机械的闲置反映了龙头企业在农机投资过程中存在服务资源配置的浪费，造成农业投资非效率。

合作服务组织模式在一定程度上克服了产业服务组织模式下各利益主体间博弈地位悬殊的弊端，有利于维护小农户的决策参与权和经济收益。然而，合作社受自身服务能力的限制，不能保证相关要素投入的均衡匹配，农业生产的季节性和时令性特征必然引发小农户经营过程中服务需求与服务供给失衡的结构性矛盾。特别是，在农忙季节若分属不同农户的地块未能得到相对均等及时有效的作业，势必影响农业产出水平的提高及小农户经营收入的提升。从调研案例来看，M 合作社受到资金和技术约束，不能及时为社员农户提供其所需的农业服务，并且合作社为小农户提供的服务主要集中在农资供应、部分农机作业和农产品销售等方面，而农产品初加工和农业保险等各种产后服务均比较缺乏。同时，M 合作社的大部分农业机械来源于村里闲置的农机具，自身资源有限，导致合作社服务能力不足，难以有效实现服务规模化。由此可看出，当前我国合作社发展整体实力还比较弱，尤其是村集体领办的合作社。周应恒和胡凌啸（2016）也持有类似的观点。

与其他两种模式相比，市场服务组织模式有其独特性和优势，表现为：服务方式更多样、市场灵活性更强，因而小农户的选择空间较大，易于获得广大小农户的青睐和支持。但是，这种模式是以市场交易方式为基础，交易成本相对较高。从调研案例中可以看出，小农户与 W 公司之间的合作是建立在商品契约的基础上，对于交易双方而言，签订服务合同和选择服务方式都存在较高的交易成本。并且，在市场服务组织模式下，小农户通常是依靠村社宣传员的方式被组织起来，这种组织方式的稳定性较弱。实地调查中发现，组织约束是制约 W 公司农业服务规模化有效实现的主要因素。例如，W 公司的全程托管服务是建立在区域内多个小农户达成共识的基础上，但在分散决策的条件下，小农户的服务需求是动态变化的，这在一定程度上影响了公司统一开展生产作业服务。

综上所述，当前三种服务组织模式存在的主要约束性难题突出表现为：小农户组织稳定性弱和服务规模化难以有效实现。

7.3 小农户和现代农业衔接的服务组织模式：理论启示

既有的理论逻辑和实践经验表明，实现小农户和现代农业衔接，需要农业服务规模化的支撑。由于小农户的分散性一直制约着农业服务规模化，因此，将分散的服务需求进行整合以对接规模化的农业服务是实现小农户和现代农业衔接的关键。亦即，小农户和现代农业衔接的本质应当是小农户组织化和服务规模化的有机结合。

现代农业发展依赖于资本、劳动力、土地、技术和企业家才能等多种生产要素的有机组合与相互适配。若仅将小农户组织起来、引导连片种植实现土地规模化，而不能保证其他生产要素与之匹配，那么土地规模化所带来的经济效应则将被弱化。在农业生产过程中，有耕地、播种、灌溉、施肥、植保和收割等多个生产环节，每一生产环节的工艺均存在差异，完全依靠人力已难以完成所有环节的农事作业，这就需要依赖服务组织提供各种农业社会化服务。与此同时，服务组织开展服务的行为逻辑是实现服务收益最大化（胡凌啸，2018）。我国小农户的承包地不仅总体规模小，而且单个地块小、地块布局高度分散，然而农机田间作业依附于土地，作业的难易程度依赖于土地特征。例如（图 7.2），假设同样是服务 10 亩地，分散细碎土地的农机作业成本显然高于集中连片土地的作业成本。因此，服务组织为单个小农户提供服务通常面临田间作业难度大、技术不匹配和服务成本高等问题，这使得服务组织倾向于为相当数量的小农户集中提供服务，并尽可能地引导这些小农户将土地集中连片，从而实现服务规模化。这意味着服务规模化实现与否取决于小农户组织化实现与否。

为此，破除当前服务组织模式存在的约束性难题，应围绕小农户组织化和服务规模化两大维度对小农户和现代农业衔接的服务组织模式进行优化和提升。

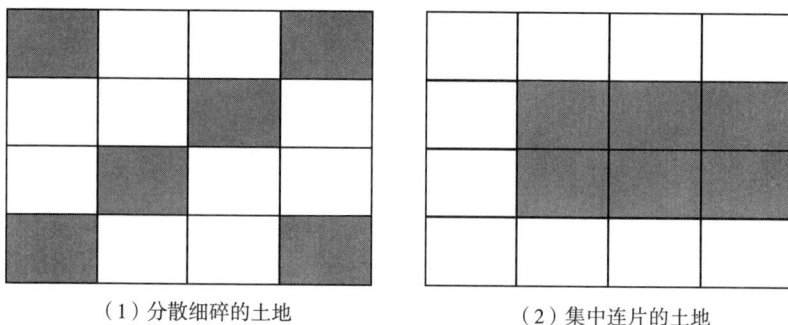

（1）分散细碎的土地　　　　　　　（2）集中连片的土地

图 7.2　服务规模化实现的形式

注：假设每个方格代表一块田地，每块田地不足 2 亩。

7.3.1　小农户组织化：社会逻辑

新经济社会学强调人的经济行为是嵌入在特定的社会关系网络中，而后者会影响前者（M. Granovetter，1985）。我国农村是一个传统的关系型网络社会，注重人与人之间的相互合作与协调，强调集体的作用和价值，重视道德规则的约束。社会关系网络是农村社会的典型特征，在小农户的行为选择中有着明显的反映，小农户的行为逻辑总是嵌入在一定的社会关系网络中，其网络的构建通常遵循着熟人信任的原则，这使得小农户每一层社会网络都有紧密的横向和纵向联系。因此，基于社会关系网络视角来研究小农户组织化具有较强的解释力。对于这种社会关系网络对小农户组织化的影响，本书称之为"社会逻辑"，即小农户在经济社会活动中建立的各种社会关系，包括一般意义上的人际关系网（下文简称关系网）和利益网，二者之间是一种互嵌关系。社会逻辑的作用机制是通过关系网和利益网的网络效应来发挥组织功能以促进组织内部资源共享、信息对称以及建立参与主体之间的信任与合作。与此同时，网络效应的大小与关系网络的规模（即网络成员的数量）、关系网络的达高性（即网络成员通过关系网络触及的顶端资源）以及关系的强度（即网络密度）等关键维度（徐秀英等，2018）密切相关，其中关系强度在网络成员间的利益分配和风险分担方面所发挥的作用相对关系网络规模和关系网络达高性更加突出和明显，直接决定着关系网络的质量（郭云南等，2015）。

（1）关系网与小农户组织化

关系网是指人与人之间因长期互动及其他交往而形成的多层社会关系网。在学术界，关系网通常又被称为社会资本。近年来，学者们普遍认为关系网作为人们获取有效信息的途径、产生相互信任的基础以及人际关系约束的保证，对网络内成员的行为决策具有重要影响（S. Bowles & H. Gintis，2002；Q. Cai et al.，2016）。

在关系之风盛行的乡土社会，小农户通常基于熟人信任来选择交往对象，并建立关系网（董磊明和郭俊霞，2017），而这种关系网对网络中小农户的行为逻辑会产生影响。由于关系网中的小农户在长期的社会交往过程中形成了相互之间的信任和默契，行为一致性程度提高，进而促进了网络中小农户开展集体行动。即意味着信任和关系是相互嵌合的，网络成员之间的关系越紧密，越有助于增强信任程度，成员之间越容易开展集体协商与谈判。同时，关系网具有促进信息共享与传递、增强双方的信任感、降低交易成本以及规避农业生产经营风险等功能。关系网络规模越大、达高性越强，意味着内部网络中小农户获取的信息越多、所花费的交易成本越低。具体而言，若关系网络中有人担任村干部，则其他小农户更容易获取相关政策信息甚至得到相关政策支持。并且，关系网自身内含信任机制和履约机制，关系网络中的小农户往往居住邻近、交往频繁且彼此了解，相互之间的信任能够对其合作行为起到约束与规范作用，这既有效降低了监督成本和组织成本，也有效减少了道德风险和逆向选择等由信息不对称带来的问题。此外，一旦成员违约，其违约信息会在关系网络中迅速传播，随着关系网络规模的扩大及网络强度的提高，违约者遭受的潜在损失增大，最终使其自我履约效率提高。因而，关系网所产生的网络效应有利于在维护小农户主体地位的基础上促进小农户组织化。

（2）利益网与小农户组织化

除了关系网外，利益网也是社会关系网络的重要组成部分，并且利益网内嵌于关系网。随着经济社会的发展，农村熟人社会渐渐向半熟人社会转变，人与人之间的合作关系逐步脱嵌于传统的关系网。因此，关系网络效应的持久发挥依赖嵌入关系网中的利益网来维系，利益网的嵌入能够让关系网在更大范围内以更低的组织成本发挥作用。利益网是指参与行动的个体在特定的制度环境下为追求预期对自身有利的资源和利益而走向合作形成的一种网络结构，它强调参与主体追求利益最大化目标。在农业生产过程中，小农户的生产活动总是嵌入在利益网络中，和利益网络上的异质性成员存在关联，并通过与不同要素所有者合作来获取对自己有利的资源。即利益网络的不同节点之间（如小农户与龙头企业、合作社和农业社会化服务组织）存有互惠性的关系取向，这种关系取向可以解释为不同要素所有者为了获取预期收益而结成的契约组织，组织内部成员的异质性可以弥补单个成员在土地、劳动力、资金、技术和管理等方面的不足（李世杰等，2018）。这种网络中的成员在各自的关系取向基础上衍生出的多重利益纽带关系可以充当一种保障机制，在利益联结机制下保障双方合作的正常进行。同时，利益网络中也同样存在信任机制和自我履约机制，一定条件下抽象的社会信任（声誉）可以充当一种"准抵押品"（R. Henderson & E. Van den Steen，2015），相当于在网络内部成员间建立了一种非正式约束，其目的在于使得合作更易达成。因此，利益网不仅有助于推动组织的形成及维持组织的稳定，而且有助于保障小农户的利益。

7.3.2　服务规模化：技术逻辑

在提高小农户组织化程度的基础上，更加有效地实现服务规模化，是促进小农户和现代农业衔接的关键。事实上，现代农业是建立在分工合作基础上的社会化农业。如果仅仅依靠单个服务组织提供农业生产全部（或大部分）环节的农事作业服务，那么这种模式不仅协调管理难、服务成本高、服务效率低下，而且对服务组织的综合服务能力有很高的要求。例如，在合作服务组织模式下，虽然合作社借助自身组织能力实现了小农户组织化，但受到自身服务能力的约束，难以保证相关要素有效匹配。因此，有效的服务规模化不应是单个服务组织单兵作战，而应当通过整合农业社会化服务市场中各种服务资源，根据各类服务组织自身的比较优势进行社会分工来提升服务品质。随着互联网技术在农村的普及和发展，利用互联网在组织管理上的网络化、扁平化和多元化优势，以及在技术应用上的精准化、平台化和集成化特征（李瑾和郭美荣，2018），能够较好地整合各类服务组织的服务资源。对于互联网对实现农业服务规模化的积极作用，本书称为"技术逻辑"，它强调通过互联网的网络功能和技术功能来促进各类服务组织分工和专业化以实现服务规模经济。

互联网作为一种工具和技术手段，为实现农业服务规模化创造了良好的条件。随着农村信息化程度的不断提升、网络社交平台（如QQ、微信）在群众中的广泛应用，各类服务组织的信息交流和沟通变得更加方便和快捷。互联网的网络社交功能，有利于突破时空阻隔，根据农业生产各环节（如耕地、播种、灌溉、施肥、植保和收割等）所需的产品和服务，快速搜集各类服务组织的更多服务作业信息，促进信息的有效传递与实时对称，从而聚集完整的服务作业信息。同时，借助互联网技术（如大数据、云计算）搭建服务交易平台，让网络中众多分散且愿意合作的服务组织入驻其中，可以形成一个有机的现代农业服务网络系统（图7.3）。服务交易平台的价值主要体现在：各类服务组织依托服务交易平台聚集，服务交易平台成为农业生产服务供求信息集中区，必然促进各类服务组织根据自身的比较优势参与分工与专业化，从而更有效地发挥相应的服务功能。由于农业机械设备（如联合收割机、大中型拖拉机和精量播种机等）具有专用性、时令性和高值性等特征，分工和专业化有助于避免农业投资不足与过度投资问题，减少农业投资效率损失。当服务交易平台积聚的服务组织数量越来越多时，就会形成服务组织的进入和退出的市场化竞争机制，交易成本和服务成本降低等效应就会逐渐显现，并加速服务效率的提升。因此，服务交易平台创造了各类服务组织集聚的规模经济效应，不仅为促进农业服务规模化提供了有利条件，而且有利于提高服务的精准化程度，更好地满足小农户多样化的服务需求。

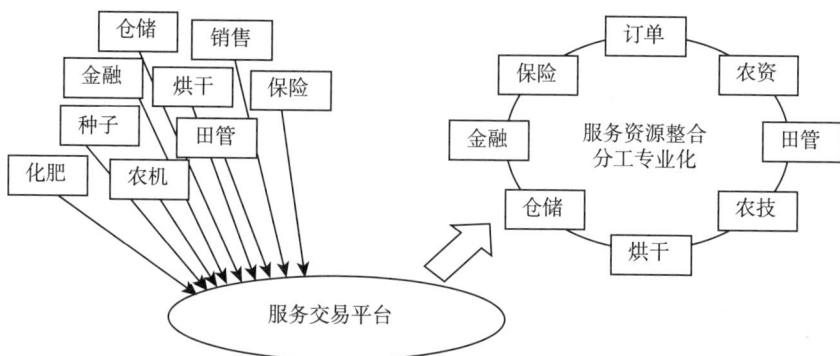

图 7.3　技术逻辑、服务资源整合与有效的服务规模化①

7.3.3　小农户和现代农业有效衔接的理论设计

无论是基于理论层面的分析还是基于对实践案例的考量，小农户组织化和服务规模化的有机结合都是实现小农户和现代农业衔接的内在本质要求。当前，在农村特定的文化情境下，提高小农户的组织化程度需与农村社会环境相契合，应注重社会关系网络的应用，利用好熟人信任的关系网以及在此基础上衍生的利益网是促进小农户组织化的现实选择。在提高小农户组织化程度的基础上，整合农业社会化服务市场中各种服务资源，可以更有效地实现服务规模化。整合农业服务资源须利用互联网的网络功能和技术功能优势，促进各类服务组织分工和专业化以实现服务规模化。总之，实现小农户和现代农业衔接的内在逻辑一定是关系网、利益网和互联网三者的结合，即社会逻辑和技术逻辑的结合。

实现小农户组织化是实现服务规模化的前提和基础，且组织化有助于促进服务规模化，二者之间相辅相成。根据劳动分工理论，分工有利于提高生产效率，而分工程度取决于市场范围的大小（亚当·斯密，1997），同时由分工引发的专业化农业生产环节的分离及形成的网络模式也会影响分工程度（A. Young，1928）。即市场容量既会约束分工，也会促进分工，而分工反过来会增进市场容量。在农业领域，横向分工和纵向分工是紧密相连的。土地地理位置的不可移动性以及不可叠加聚集的特征决定了

① 本书以农资、田管、农技、烘干、仓储、金融、保险、订单等农业生产中典型环节的服务商聚集为例，来说明现代农业服务网络平台的形成。

横向分工与专业化基础上的小农户组织化是服务市场容量生成及纵向分工的内生性要求。没有横向分工基础上的小农户组织化，就不会有服务市场容量的生成，纵向分工也就难以实现。亦即，农业领域横向分工的程度决定着纵向分工的程度。一旦多个小农户参与横向分工，选择同向专业化、区域专业化以及连片专业化种植，就能够通过增加服务需求量来提升服务市场交易密度、增加服务市场容量。网络组织中小农户的数量越来越多，意味着横向分工中的可交易密度在逐渐增加，服务需求量的不断加大会吸引农业生产不同环节服务组织的进入，形成多样化的交易形式和服务内容，推动农业纵向分工与专业化，从而扩大服务市场交易圈，促进农业分工深化。因此，提高小农户组织化程度并引导其连片专业化种植，不仅可以增加服务市场交易密度、扩大市场容量，而且能够有效促进农业纵向分工，实现小农户对农事作业环节的多样化服务需求与服务组织的专业化服务供给有效对接，以及实现小农户家庭精耕细作优势与服务规模化优势的有机结合。同时，组织化的小农户参与的横向分工和各类服务组织参与的纵向分工的结合有助于实现农业服务规模经济。从理论上来看，在多要素生产函数中，实现规模经济需要不同生产要素之间适配和优化。现代农业是典型的依赖多要素投入的产业，不仅需要传统要素（土地、劳动）的投入，而且需要现代要素的投入。而分工和专业化是促进相关要素优化组合、实现规模经济效应的重要途径，因此促进小农户卷入分工经济并形成规模报酬递增的分工深化机制（罗必良，2017；刘守英，2016；向国成和韩绍凤，2007），是小农户融入现代农业发展进程的有效路径（图7.4）。

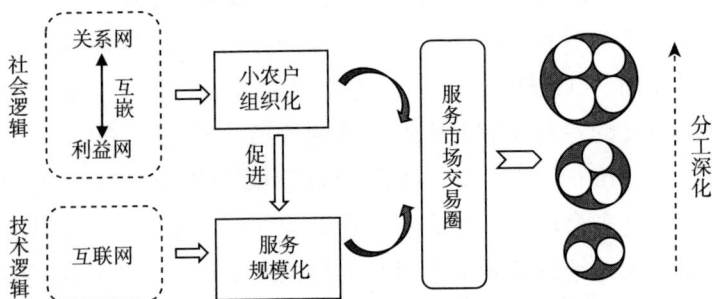

图 7.4　二维逻辑、服务市场交易圈与分工深化

注：白色圆圈的个数表示纵向分工的程度，灰色圆圈大小表示横向分工程度。

7.4　本章小结

本章基于调研案例系统总结了三种服务组织模式的实践经验以及存在的约束性难题，在此基础上，深入分析了我国小农户和现代农业衔接的内在逻辑。本章的主要结论有：

三种服务组织模式在一定程度上实现了小农户和现代农业衔接，但小农户组织稳定性弱和服务规模化难以实现仍是三种服务组织模式面临的约束性难题。其中，在产业服务组织模式下，小农户的服务需求被抑制、经济利益未能得到有效保障，从而影响了小农户的农业生产积极性；在合作服务组织模式下，合作社受自身服务能力的限制，不能保证相关要素投入的均衡匹配，难以实现服务规模化；在市场服务组织模式下，小农户组织稳定性弱在一定程度上制约了农业社会化服务组织统一开展农事作业服务。围绕小农户组织化和服务规模化两大维度，本书对小农户和现代农业有效衔接进行了理论设计。其内涵是：实现小农户和现代农业衔接的内在逻辑是关系网、利益网和互联网三者的结合，即社会逻辑和技术逻辑的结合。一方面，提高小农户的组织化程度须与农村社会环境相契合，利用好熟人信任的关系网以及在此基础上衍生的利益网是促进小农户组织化的现实选择；另一方面，借助互联网的网络功能和技术功能来整合农业社会化服务市场中的各种服务资源，促进各类服务组织分工和专业化以有效实现服务规模化。提高小农户组织化程度并引导其参与横向分工，有助于增加服务市场容量，诱导农业生产不同环节服务组织参与农业纵向分工，从而扩大服务市场交易圈，促进农业分工的深化，为小农户融入现代农业发展进程提供了有效路径。

第 8 章　研究结论与政策建议

8.1　研究结论

本书基于已有研究成果、依据相关理论基础，采用归纳演绎分析法、比较分析法、计量分析法和实地调查法等方法，以安徽和山东粮食主产区 1 152 户小农户的调查数据为支撑，考察了小农户和现代农业衔接的现状、现实基础及服务组织类型，同时对小农户和现代农业衔接的服务组织模式的制度特征、实现机制、运行绩效和小农户生产效率等进行了理论和实证分析，并对小农户和现代农业有效衔接进行了理论设计。主要研究结论：

①小农户和现代农业衔接具有现实基础、存在多元实践。现实考察表明，小农户土地经营规模小、劳动生产率低、兼业化程度高且趋于分化等问题是制约我国小农户和现代农业衔接的主要因素。然而，由于小农户家庭经营具有相对效率优势且能够适应现代农业发展，同时现代农业发展包容多元经营方式，加之新型农业服务主体为小农户家庭经营的存续拓展了空间，因而小农户和现代农业衔接仍然具有现实基础。进一步的实地考察表明，现阶段我国存在着小农户和现代农业衔接的多元实践，可归纳为农业龙头企业带动型、农民专业合作社带动型和农业社会化服务组织带动型等。

②构建"制度特征—实现机制—运行绩效"的理论分析框架，揭示了小农户和现代农业衔接的服务组织模式的内在机理。其中，产业服务组织

模式通过发挥龙头企业的市场势力和资本实力优势,促进农业产业链条的扩展深化;合作服务组织模式通过发挥合作社的多元服务功能,实现农业产业链上核心要素的整合和组织内部资源的共享;市场服务组织模式通过扩大服务市场容量,推动农业分工与要素融合。三种服务组织模式在促进小农户和现代农业衔接方面均发挥了积极作用,但从国家政策目标和小农户福利目标来看,其运行绩效存在着显著差异。

③三种服务组织模式各具优劣势,但总体而言市场服务组织模式是最优的。对三种服务组织模式绩效的理论和实证分析表明:从国家政策目标角度来看,产业服务组织模式是最优的服务组织模式;从小农户福利目标角度来看,市场服务组织模式是最优的服务组织模式。具体而言,在其他条件既定的情况下,产业组织模式具有粮食亩均化肥施用量少和粮食亩产量高的比较优势,能够有效保护耕地质量和保障国家粮食安全;市场服务组织模式下小农户的粮食亩均利润和服务满意度均为最高。进一步地,就国家政策目标和小农户福利目标综合来看,市场服务组织模式在将现代生产要素引入小农户农业生产的过程中,不仅能够促进小农户农业现代化,而且能够有效地维护小农户经济收益并提高其服务满意度,因此市场服务组织模式最具有目标兼容性。

④三种服务组织模式下小农户粮食生产的技术效率存在差异。测度分析表明,参与服务组织的小农户粮食生产技术效率相对于未参与小农户要高。同时,市场服务组织模式下小农户粮食生产的技术效率略高于产业服务组织模式,合作服务组织模式最低。从要素产出弹性来看,市场服务组织模式更有利于提高土地和资本产出率,而产业服务组织模式更有助于优化粮食生产中劳动要素的配置,提高劳动产出率,但合作服务组织模式由于存在服务不到位、服务功能缺失等问题,未能显著提高各要素的产出率。进一步地,在技术效率的各主要影响因素中,家庭社会关系网络特征和农业生产性服务利用程度对三种服务组织模式下小农户技术效率有显著正向影响,但其他因素的影响方向和程度有所差异。

⑤实践案例分析表明,三种服务组织模式均难以突破小农户组织稳定性弱和服务规模化难等约束性问题,为理论思考提供了空间。其理论启示是:实现小农户和现代农业有效衔接的内在逻辑是关系网、利益网和互联网三者的结合,即社会逻辑和技术逻辑的结合。一方面,提高小农户的组

织化程度须与农村社会环境相契合，利用好熟人信任的关系网以及在此基础上衍生的利益网是促进小农户组织化的现实选择；另一方面，借助互联网的网络功能和技术功能来整合农业社会化服务市场中的各种服务资源，促进各类服务组织分工和专业化以有效实现服务规模化。社会逻辑和技术逻辑相结合，有助于实现小农户组织化和服务规模化，从而扩大服务市场交易圈、促进农业分工的深化，为小农户融入现代农业发展进程提供有效路径。

8.2 政策建议

根据上述研究结论，本书提出如下政策建议：

①要充分认识到市场服务组织模式在促进小农户和现代农业衔接中的积极作用。政府应通过财政扶持、信贷优惠以及税收减免等激励政策与措施，大力鼓励和支持"代耕代种""土地托管"等各类市场服务组织形式的发展，并加大对不同生产环节服务组织的培育力度，增强其服务能力，提高其农事作业的服务质量和服务效率，从而发挥农业社会化服务组织对小农户的辐射带动作用。同时，要加强地方服务标准和服务规范的建设以及对服务价格的监管，把小农户的合法权益放在首要位置，对于那些服务质量好且受小农户欢迎的农业社会化服务组织应实施奖励机制，而对于那些服务质量不符合要求且服务收费不合理的农业社会化服务组织应实施退出机制。此外，还应根据现代农业发展的要求以及当地小农户农业生产服务的需求，确定当地重点支持的服务内容，例如病虫害防治、育秧、耕种、收割等，并按照服务内容给农业社会化服务组织提供相应的补贴，以降低其作业成本。

②在促进小农户和现代农业衔接的过程中，虽然市场服务组织模式在一定条件下相对于产业服务组织模式和合作服务组织模式更具有比较优势，但也不能否定产业服务组织模式和合作服务组织模式所发挥的积极作用。产业服务组织模式有利于提高小农户农业生产的现代化水平，但这种模式是以龙头企业为主体，以企业利润最大化为目标，未能真正代表小农户的利益。因此，政府部门可使与企业合作的小农户经济收益同企业获取的扶持政策挂钩，以规范约束企业行为。例如，通过定期访谈那些与企业

合作的小农户，了解企业是否有压低农产品销售价格、提高服务收费标准等侵蚀小农户利益的行为，根据小农户的利益情况制定政策扶持标准，从而完善企业与小农户之间的利益分配机制、改善小农户的福利水平，进而推进产业服务组织模式的发展。同时，合作服务组织模式能够有效降低小农户的组织成本、协调成本和服务成本，但受资金、技术和管理等方面的限制，合作服务组织模式在实际操作中还存在服务能力不强、服务功能弱等现实问题，未能显著提高社员小农户农业生产技术效率。因此，政府部门对于小农户联合成立的合作社应有侧重地给予政策扶持，利用财政援助、税收减免等方式解决合作社服务过程中遇到的资金、技术难题，提高合作社的服务供给能力，以便充分发挥合作社对小农户发展现代农业的带动作用。

③要不断提高小农户的组织化程度，鼓励小农户实施连片专业化种植，从而促进农业分工深化。由于我国农村是一个熟人社会，社会关系网络在小农户生产经营行为选择中扮演着重要角色。因此，政府应加强农村乡风文明建设，通过定期或不定期举办形式多样的集体活动来增进邻里团结，塑造人与人之间和睦、友爱、平等的文化氛围，提升农村熟人社会网络中关系主体之间的信任度和认同感，发挥农村社会关系网络对小农户的组织作用，以提高小农户的组织化程度和增强组织的稳定性。同时，从实践来看，村庄基层组织在有效组织小农户中发挥着重要作用，因而还应加强基层自治组织的建设。此外，还必须处理好各主体之间的利益关系，实现各方利益是保障组织稳定性的内在动力。在不同的服务组织模式中，让利于作为服务需求方的小农户是该模式实施的重要前提。让利于小农户可表现为农资购买价格、农业生产各项服务支付价格均略低于市场价格，并且粮食收购价格适当高于市场价格，使得小农户在享受服务的同时也能够最大限度地获取利益，从而促进小农户参与服务组织。

④应重视互联网技术在实现农业服务规模化中的积极作用。目前我国农业纵向分工协作的程度和水平不高，大量服务组织仍存在服务功能不完善、服务不到位等问题，未能较好地满足小农户发展现代农业所需服务的要求。借助互联网技术优势，搭建多种类型的网络服务交易平台，有利于整合农业社会化服务市场中各种服务资源，促进农业龙头企业、农民专业合作社、农业社会化服务组织等各类服务组织之间联合、分工、合作与融

合发展，为小农户提供更加优质的综合性服务。因此，建议政府部门完善农村网络基础设施建设，鼓励相关服务组织搭建服务交易平台，同时还须出台相应的激励政策鼓励各类服务商入驻网络服务平台，积极利用互联网平台为小农户提供农业生产各环节所需的产品和服务。此外，还应加强对农村小农户的互联网教育和宣传，提高农业服务信息的及时传输和交互水平，推动农业社会化服务交易线上化。

⑤实现小农户和现代农业衔接，除了要发挥新型农业服务主体的服务带动作用，也要提升小农户的自我发展能力。从当前滞留在农村的劳动力来看，绝大多数小农户的受教育程度较低，现代农业科技知识匮乏，生产经营能力普遍不足，对市场信号反应迟缓。因此，政府应加大对农村地区人力资本的投资力度，既要重视正规教育也要重视非正规教育。一方面，通过加大对农村基础教育和职业教育的投资力度来发展正规教育。在重点发展农村基础教育的同时，要扩大农村职业教育规模，提升小农户的科学文化素质以及对知识和信息的获取能力，增强小农户对市场信号变化的敏感度。另一方面，通过农业技术培训来发展非正规教育，如采取实地操作示范和知识讲解相结合的方式来强化小农户的农业生产技能，提升小农户的生产经营能力及其市场化程度。

参考文献

REFERENCES

阿玛蒂亚·森，2013. 以自由看待发展 ［M］. 北京：中国人民大学出版社.

不列颠百科全书公司，2005. 不列颠简明百科全书 ［M］. 北京：中国大百科全书出版社.

蔡昉，王美艳，2016. 从穷人经济到规模经济——发展阶段变化对中国农业提出的挑战 ［J］. 经济研究（5）：14 - 26.

蔡海龙，2013. 农业产业化经营组织形式及其创新路径 ［J］. 中国农村经济（11）：4 - 11.

蔡建华，陈玉林，郑永山，2012. 对"公司＋农户"组织模式的反思 ［J］. 宁夏社会科学（6）：31 - 37.

蔡荣，马旺林，王舒娟，2015. 小农户参与大市场的集体行动：合作社社员承诺及其影响因素 ［J］. 中国农村经济（4）：44 - 58.

蔡荣，2011. "合作社＋农户"模式：交易费用节约与农户增收效应——基于山东省苹果种植农户问卷调查的实证分析 ［J］. 中国农村经济（1）：58 - 65.

曹峥林，姜松，王钊，2017. 行为能力、交易成本与农户生产环节外包——基于 Logit 回归与 csQCA 的双重验证 ［J］. 农业技术经济（3）：64 - 74.

陈超，陈亭，翟乾乾，2018. 不同生产组织模式下农户技术效率研究——基于江苏省桃农的调研数据 ［J］. 华中农业大学学报（社会科学版）（1）：31 - 37.

陈飞，翟伟娟，2015. 农户行为视角下农地流转诱因及其福利效应研究 ［J］. 经济研究（10）：163 - 177.

陈楠，郝庆升，2012. 国外农业组织化模式比较分析及对中国的启示 ［J］. 世界农业（8）：57 - 61.

陈思羽，李尚蒲，2014. 农户生产环节外包的影响因素——基于威廉姆森分析范式的实证研究 ［J］. 南方经济（12）：105 - 110.

陈义媛，2017. 土地托管的实践与组织困境：对农业社会化服务体系构建的思考 ［J］. 南京农业大学学报（社会科学版）(6)：120-130.

陈昭玖，胡雯，2016. 农地确权、交易装置与农户生产环节外包——基于"斯密—杨格"
　定理的分工演化逻辑 [J]. 农业经济问题 (8)：16-24.

崔宝玉，刘丽珍，2017. 交易类型与农民专业合作社治理机制 [J]. 中国农村观察 (4)：
　17-31.

邓大才，2013. 改造传统农业：经典理论与中国经验 [J]. 学术月刊 (3)：14-25.

邓大才，2006. 社会化小农：动机与行为 [J]. 华中师范大学学报（人文社会科学版）
　(3)：9-16.

邓衡山，王文烂，2014. 合作社的本质规定与现实检视——中国到底有没有真正的农民专
　业合作社？[J]. 中国农村经济 (7)：15-26.

邓衡山，徐志刚，黄季焜，等，2011. 组织化潜在利润对农民专业合作组织形成发展的影
　响 [J]. 经济学（季刊）(4)：1515-1532.

邓衡山，徐志刚，应瑞瑶，等，2016. 真正的农民专业合作社为何在中国难寻？——一个
　框架性解释与经验事实 [J]. 中国农村观察 (4)：72-83.

邓宏图，马太超，2019. 农业合约中保证金的经济分析——一个调查研究 [J]. 中国农村
　观察 (2)：2-17.

邓宏图，王巍，2015. 农业合约选择：一个比较制度分析 [J]. 经济学动态 (7)：
　25-34.

邓秀新，2014. 现代农业与农业发展 [J]. 华中农业大学学报（社会科学版）(1)：
　1-4.

董磊明，郭俊霞，2017. 乡土社会中的面子观与乡村治理 [J]. 中国社会科学 (8)：
　147-160.

董莹，穆月英，2019. 农户环境友好型技术采纳的路径选择与增效机制实证 [J]. 中国农
　村观察 (2)：34-48.

段培，王礼力，罗剑朝，2017. 种植业技术密集环节外包的个体响应及影响因素研究——
　以河南和山西631户小麦种植户为例 [J]. 中国农村经济 (8)：29-44.

范坤，冯长焕，2013. 因子分析中指标数据如何正确预处理 [J]. 财会月刊 (6)：
　85-88.

傅晨，任辉，2014. 农业转移人口市民化背景下农村土地制度创新的机理：一个分析框架
　[J]. 经济学家 (3)：74-83.

高进云，乔荣锋，张安录，2007. 农地城市流转前后农户福利变化的模糊评价——基于森
　的可行能力理论 [J]. 管理世界 (6)：45-55.

高钰玲，2014. 农民专业合作社服务功能：理论与实证研究 [D]. 杭州：浙江大学.

葛志华，2018. 把小农生产引入现代农业发展轨道的思考［J］. 中国合作经济（2）：
　　55 - 58.

郭斐然，孔凡丕，2018. 农业企业与农民专业合作社联盟是实现小农户与现代农业衔接的
　　有效途径［J］. 农业经济问题（10）：46 - 49.

郭庆海，2018. 小农户：属性、类型、经营状态及其与现代农业衔接［J］. 农业经济问题
　　（6）：25 - 37.

郭晓鸣，廖祖君，付娆，2007. 龙头企业带动型、中介组织联动型和合作社一体化三种农
　　业产业化模式的比较——基于制度经济学视角的分析［J］. 中国农村经济（4）：
　　40 - 47.

郭晓鸣，虞洪，2018. 现代粮食产业发展模式重构探析——基于四川省新津县的探索实践
　　［J］. 农业经济问题（1）：87 - 97.

郭云南，张晋华，黄夏岚，2015. 社会网络的概念、测度及其影响：一个文献综述［J］.
　　浙江社会科学（2）：122 - 132.

韩长赋，2018. 农业部部长韩长赋：积极推进小农户和现代农业发展有机衔接［J］. 吉林
　　农业（4）：6 - 9.

何凌霄，南永清，张忠根，2016. 老龄化、社会网络与家庭农业经营——来自 CFPS 的证
　　据［J］. 经济评论（2）：85 - 97.

何一鸣，罗必良，2011. 产业特性、交易费用与经济绩效——来自中国农业的经验证据
　　（1958—2008 年）［J］. 山西财经大学学报（3）：57 - 62.

贺雪峰，2017. 保护小农的农业现代化道路探索——兼论射阳的实践［J］. 思想战线
　　（2）：101 - 111.

衡霞，程世云，2014. 农地流转中的农民权益保障研究——以土地托管组织为例［J］. 农
　　村经济（2）：66 - 70.

胡凌啸，2018. 中国农业规模经营的现实图谱："土地＋服务"的二元规模化［J］. 农业
　　经济问题（11）：20 - 28.

胡祎，张正河，2018. 农机服务对小麦生产技术效率有影响吗？［J］. 中国农村经济（5）：
　　68 - 83.

胡岳岷，刘元胜，2013. 中国粮食安全：价值维度与战略选择［J］. 经济学家（5）：
　　50 - 56.

黄桂田，2012. 产业组织理论［M］. 北京：北京大学出版社.

黄季焜，靳少泽，2015. 未来谁来种地：基于我国农户劳动力就业代际差异视角［J］. 农
　　业技术经济（1）：4 - 10.

黄季焜，齐亮，陈瑞剑，2008. 技术信息知识、风险偏好与农民施用农药［J］. 管理世界

（5）：71 - 76.

黄梦思，孙剑，2018. "农业龙头企业＋农户"模式的关系风险与交易治理 [J]. 华南农业大学学报（社会科学版）(1)：1 - 11.

黄宗晔，游宇，2018. 农业技术发展与经济结构变迁 [J]. 经济研究 (2)：65 - 79.

黄宗智，2000. 长江三角洲小农家庭与乡村发展 [M]. 北京：中华书局.

黄祖辉，高钰玲，2012. 农民专业合作社服务功能的实现程度及其影响因素 [J]. 中国农村经济 (7)：4 - 16.

黄祖辉，梁巧，2007. 小农户参与大市场的集体行动——以浙江省箬横西瓜合作社为例的分析 [J]. 农业经济问题 (9)：66 - 71.

黄祖辉，徐旭初，冯冠胜，2002. 农民专业合作组织发展的影响因素分析——对浙江省农民专业合作组织发展现状的探讨 [J]. 中国农村经济 (3)：13 - 21.

黄祖辉，2018. 改革开放四十年：中国农业产业组织的变革与前瞻 [J]. 农业经济问题 (11)：61 - 69.

黄祖辉，2013. 现代农业经营体系建构与制度创新——兼论以农民合作组织为核心的现代农业经营体系与制度建构 [J]. 经济与管理评论 (6)：5 - 16.

黄祖辉，2014. 现代农业能否支撑城镇化？ [J]. 西北农林科技大学学报（社会科学版）(1)：1 - 6.

霍学喜，侯建昀，2012. 中国苹果生产技术效率与要素产出弹性分析——以陕西、山西、甘肃 10 个苹果重点县苹果种植户为例 [J]. 西北农林科技大学学报（社会科学版）(6)：75 - 80.

金福良，王璐，李谷成，等，2013. 不同规模农户冬油菜生产技术效率及影响因素分析——基于随机前沿函数与 1707 个农户微观数据 [J]. 中国农业大学学报 (1)：210 - 217.

金钰，2010. 公共部门规模、技术效率的测算与分析 [D]. 辽宁：东北财经大学.

靳淑平，2014. 我国现代农业发展的演进分析 [J]. 中国农业资源与区划 (5)：95 - 100.

孔凡斌，钟海燕，潘丹，2019. 小农户土壤保护行为分析——以施肥为例 [J]. 农业技术经济 (1)：100 - 110.

李谷成，冯中朝，范丽霞，2007. 农户家庭经营技术效率与全要素生产率增长分解（1999—2003 年）——基于随机前沿生产函数与来自湖北省农户的微观证据 [J]. 数量经济技术经济研究 (8)：25 - 34.

李谷成，冯中朝，范丽霞，2009. 小农户真的更加具有效率吗？来自湖北省的经验证据 [J]. 经济学（季刊）(1)：95 - 124.

李谷成，李崇光，2012. 十字路口的农户家庭经营：何去何从 [J]. 经济学家 (1)：

55－63.

李瑾，郭美荣，2018. 互联网环境下农业服务业的创新发展 [J]. 华南农业大学学报（社会科学版）（2）：11－21.

李静，孟天琦，韩春虹，2018. 土地托管影响农业产出机制：投资效率及其解释 [J]. 中国人口·资源与环境（9）：142－149.

李霖，郭红东，2017. 产业组织模式对农户种植收入的影响——基于河北省、浙江省蔬菜种植户的实证分析 [J]. 中国农村经济（9）：62－79.

李敏，王礼力，郭海丽，2015. 农民组织化程度衡量及其评价 [J]. 西北农林科技大学学报（社会科学版）（3）：88－93.

李庆召，马华，2017. 价值与限度：农民再组织化与村级治理组织体系再造——基于广东省梅州市 F 村基层治理改革的思考 [J]. 社会主义研究（2）：112－118.

李尚勇，2011. 农民专业合作社的制度逻辑——兼谈其发展存在的问题 [J]. 农业经济问题（7）：73－81.

李世杰，刘琼，高健，2018. 关系嵌入、利益联盟与"公司＋农户"的组织制度变迁——基于海源公司的案例分析 [J]. 中国农村经济（2）：33－48.

李双杰，范超，2009. 随机前沿分析与数据包络分析方法的评析与比较 [J]. 统计与决策（7）：25－28.

李英，张越杰，2013. 基于质量安全视角的稻米生产组织模式选择及其影响因素分析——以吉林省为例 [J]. 中国农村经济（5）：68－77.

梁伟军，2010. 我国现代农业发展的路径分析：一个产业融合理论的解释框架 [J]. 求实（3）：69－73.

林本喜，2010. 浙江现代农业模式、评价与影响因素研究 [D]. 杭州：浙江大学.

刘琼峰，李明德，段建南，等，2013. 基于 GIS 的湖南省耕地利用效益时空变异研究 [J]. 经济地理（9）：142－147.

刘守英，2016. 山东供销社试验：服务规模化与农业现代化 [J]. 中国改革（6）：22－31.

刘松涛，王林萍，2018. 新《农协法》颁布后日本农协全面改革探析 [J]. 现代日本经济（1）：25－36.

刘同山，2018. 土地股份合作社：小农户对接现代农业的有效途径 [J]. 中国农民专业合作社（1）：48.

刘晓鸥，邸元，2013. 订单农业对农户农业生产的影响——基于三省（区）1041 个农户调查数据的分析 [J]. 中国农村经济（4）：48－59.

刘彦随，乔陆印，2014. 中国新型城镇化背景下耕地保护制度与政策创新 [J]. 经济地理（4）：1－6.

陆益龙，2016. 现代农业发展的困境与变革方向——河北定州的经验 [J]. 华南师范大学学报（社会科学版）(5)：122 - 129.

罗必良，胡新艳，2016. 农业经营方式转型：已有试验及努力方向 [J]. 农村经济（1）：3 - 13.

罗必良，张露，仇童伟，2018. 小农的种粮逻辑——40 年来中国农业种植结构的转变与未来策略 [J]. 南方经济（8）：1 - 28.

罗必良，2017. 论服务规模经营——从纵向分工到横向分工及连片专业化 [J]. 中国农村经济（11）：2 - 16.

罗丹，李文明，陈洁，2017. 粮食生产经营的适度规模：产出与效益二维视角 [J]. 管理世界（1）：78 - 88.

罗伊·普罗斯特曼，李平，蒂姆·汉斯达德，1996. 中国农业的规模经营：政策适当吗？[J]. 中国农村观察（6）：17 - 29.

马志雄，丁士军，2013. 基于农户理论的农户类型划分方法及其应用 [J]. 中国农村经济（4）：28 - 38.

毛飞，孔祥智，2012. 中国农业现代化总体态势和未来取向 [J]. 改革（10）：9 - 21.

孟庆生，1986. 信息论 [M]. 西安：西安交通大学出版社.

牛晓帆，2004. 西方产业组织理论的演化与新发展 [J]. 经济研究（3）：116 - 123.

恰亚诺夫，1996. 农民经济组织 [M]. 北京：中央编译出版社.

邱菀华，2002. 管理决策与应用熵学 [M]. 北京：机械工业出版社.

仇焕广，栾昊，李瑾，等，2014. 风险规避对农户化肥过量施用行为的影响 [J]. 中国农村经济（3）：85 - 96.

申龙均，韩忠富，2014. 韩国综合农协对我国发展农民综合合作社的启示 [J]. 经济纵横（5）：104 - 107.

税尚楠，2013. 农业经营模式的选择：资本农场或合作经营 [J]. 农业经济问题（8）：32 - 36.

司瑞石，陆迁，张强强，等，2018. 土地流转对农户生产社会化服务需求的影响——基于PSM 模型的实证分析 [J]. 资源科学（9）：1762 - 1772.

苏昕，刘昊龙，2017. 农村劳动力转移背景下农业合作经营对农业生产效率的影响 [J]. 中国农村经济（5）：58 - 72.

速水佑次郎，弗农·拉坦，2000. 农业发展的国际分析 [M]. 北京：中国社会科学出版社.

孙顶强，卢宇桐，田旭，2016. 生产性服务对中国水稻生产技术效率的影响——基于吉、浙、湘、川 4 省微观调查数据的实证分析 [J]. 中国农村经济（8）：70 - 81.

孙晓燕，苏昕，2012. 土地托管，总收益与种粮意愿——兼业农户粮食增效与务工增收视角 [J]. 农业经济问题 (8)：102 - 108.

孙新华，2017. 村社主导、农民组织化与农业服务规模化——基于土地托管和联耕联种实践的分析 [J]. 南京农业大学学报（社会科学版）(6)：131 - 140.

孙艳华，应瑞瑶，刘湘辉，2010. 农户垂直协作的意愿选择及其影响因素分析——基于江苏省肉鸡行业的调查数据 [J]. 农业技术经济 (4)：114 - 119.

藤荣刚，周若云，张瑜，等，2009. 日本农业协同组织的发展新动向与面临的挑战——日本案例和对中国农民专业合作社的启示 [J]. 农业经济问题 (2)：103 - 109.

王海娟，2016. 农地调整的效率逻辑及其制度变革启示——以湖北沙洋县农地调整实践为例 [J]. 南京农业大学学报（社会科学版）(5)：96 - 103.

王昕，陆迁，2015. 农村小型水利设施管护方式与农户满意度——基于泾惠渠灌区 811 户农户数据的实证分析 [J]. 南京农业大学学报（社会科学版）(1)：51 - 60.

王亚飞，黄勇，唐爽，2014. 龙头企业与农户订单履约效率及其动因探寻——来自 91 家农业企业的调查资料 [J]. 农业经济问题 (11)：16 - 25.

卫龙宝，张菲，2012. 农村基层治理满意程度及其影响因素分析——基于公共物品供给的微观视角 [J]. 中国农村经济 (6)：85 - 96.

魏后凯，2017. 中国农业发展的结构性矛盾及其政策转型 [J]. 中国农村经济 (5)：2 - 17.

魏权龄，2006. 数据包络分析 (DEA) [M]. 北京：科学出版社.

魏晓莎，2015. 日本农地适度规模经营的做法及借鉴 [J]. 经济纵横 (5)：124 - 128.

翁贞林，2008. 农户理论与应用研究进展与述评 [J]. 农业经济问题 (8)：93 - 100.

西奥多·W. 舒尔茨，2016. 改造传统农业 [M]. 北京：商务印书馆.

向国成，韩绍凤，2007. 分工与农业组织化演进：基于间接定价理论模型的分析 [J]. 经济学（季刊）(2)：513 - 538.

徐家鹏，李崇光，2012. 蔬菜种植户产销环节紧密纵向协作参与意愿的影响因素分析 [J]. 中国农村观察 (4)：2 - 13.

徐秀英，徐畅，李朝柱，2018. 关系网络对农户林地流入行为的影响——基于浙江省的调查数据 [J]. 中国农村经济 (9)：62 - 78.

徐旭初，吴彬，2018. 合作社是小农户和现代农业发展有机衔接的理想载体吗？[J]. 中国农村经济 (11)：80 - 95.

徐勇，2006. "再识农户"与社会化小农的建构 [J]. 华中师范大学学报（人文社会科学版）(3)：2 - 8.

许庆，尹荣梁，章辉，2011. 规模经济、规模报酬与农业适度规模经营——基于我国粮食

生产的实证研究 [J]. 经济研究 (3)：59 - 71.

亚当·斯密，1997. 国民财富的性质和原因的研究 [M]. 北京：商务印书馆.

杨志海，2019. 生产环节外包改善了农户福利吗？——来自长江流域水稻种植农户的证据
　　[J]. 中国农村经济 (4)：73 - 91.

叶敬忠，豆书龙，张明皓，2018. 小农户和现代农业发展：如何有机衔接？[J]. 中国农
　　村经济 (11)：64 - 79.

于海龙，张振，2018. 土地托管的形成机制、适用条件与风险规避：山东例证 [J]. 改革
　　(4)：110 - 119.

苑鹏，2013. "公司＋合作社＋农户"下的四种农业产业化经营模式探析——从农户福利
　　改善的视角 [J]. 中国农村经济 (4)：71 - 78.

苑鹏，2015. 日本综合农协的发展经验及其对中国农村合作社道路的借鉴 [J]. 农村经济
　　(5)：118 - 122.

约翰·伊特韦尔，1996. 新帕尔格雷夫经济学大辞典 [M]. 北京：经济科学出版社.

乐章，许汉石，2011. 小农组织化与农户组织参与程度研究 [J]. 中国人口·资源与环境
　　(1)：91 - 98.

曾雅婷，吕亚荣，刘文勇，2018. 农地流转提升了粮食生产技术效率吗——来自农户的视
　　角 [J]. 农业技术经济 (3)：41 - 55.

张超，吴春梅，2015. 合作社公共服务满意度实证研究——基于 290 户中小社员的调查证
　　据 [J]. 经济学家 (3)：15 - 22.

张翠娥，李跃梅，李欢，2016. 资本禀赋与农民社会治理参与行为——基于 5 省 1599 户
　　农户数据的实证分析 [J]. 中国农村观察 (1)：27 - 37.

张海鹏，曲婷婷，2012. 我国农地经营模式选择与现代农业发展 [J]. 南开经济研究
　　(4)：113 - 125.

张红宇，2017. 实现小农户和现代农业发展有机衔接 [N]. 农民日报 11 - 21 (1).

张红宇，2018. 中国现代农业经营体系的制度特征与发展取向 [J]. 中国农村经济 (1)：
　　23 - 33.

张建雷，2018. 发展型小农家庭的兴起：中国农村"半工半耕"结构再认识 [J]. 中国农
　　村观察 (4)：32 - 43.

张乃丽，欧家瑜，2018. 日本工业反哺农业的经济学分析 [J]. 现代日本经济 (1)：
　　10 - 24.

张日波，2012. 分工思想何以被忽视——以马歇尔为中心的思想史考察 [J]. 经济理论与
　　经济管理 (1)：28 - 35.

张士云，江激宇，栾敬东，等，2014. 美国和日本农业规模化经营进程分析及启示 [J].

农业经济问题（1）：101-109.

张新光，2011. 研究小农经济理论的政策含义和现实关怀——回应丁长发博士的质疑
　　[J]. 农业经济问题（1）：81-88.

张新民，2011. 中国农业信息化发展的现状与前景展望 [J]. 农业经济（8）：35-37.

张元红，刘长全，国鲁来，2015. 中国粮食安全状况评价与战略思考 [J]. 中国农村观察
　　（1）：2-14.

张云华，2018. 关于粮食安全几个基本问题的辨析 [J]. 农业经济问题（5）：27-33.

赵佳，姜长云，2013. 农民专业合作社的经营方式转变与组织制度创新：皖省例证 [J].
　　改革（1）：82-92.

赵凯，魏珊，毕影，2013. 农户加入不同农业产业化经营模式意愿的影响因素分析 [J].
　　华中农业大学学报（社会科学版）（3）：53-58.

赵鲲，刘磊，2016. 关于完善农村土地承包经营制度发展农业适度规模经营的认识与思考
　　[J]. 中国农村经济（4）：12-16.

赵晓峰，韩庆龄，2013. 政策诱导与阶层驱动：农民专业合作社快速发展的双重动力机制
　　分析 [J]. 农村经济（1）：123-125.

郑旭媛，王芳，应瑞瑶，2018. 农户禀赋约束、技术属性与农业技术选择偏向——基于不
　　完全要素市场条件下的农户技术采用分析框架 [J]. 中国农村经济（3）：105-122.

中国大百科全书总编辑委员会《经济学》编辑委员会，1988. 中国大百科全书 经济学 Ⅲ
　　[M]. 北京：中国大百科全书出版社.

钟真，孔祥智，2012. 产业组织模式对农产品质量安全的影响：来自奶业的例证 [J]. 管
　　理世界（1）：79-92.

钟真，孔祥智，2013. 市场信号、农户类型与农业生产经营行为的逻辑——来自鲁、晋、
　　宁千余农户调查的证据 [J]. 中国人民大学学报（5）：62-75.

周娟，2017. 土地流转背景下农业社会化服务体系的重构与小农的困境 [J]. 南京农业大
　　学学报（社会科学版）（6）：141-151.

周应恒，胡凌啸，2016. 中国农民专业合作社还能否实现“弱者的联合”？——基于中日
　　实践的对比分析 [J]. 中国农村经济（6）：30-38.

周月书，王婕，2017. 产业链组织形式、市场势力与农业产业链融资——基于江苏省397
　　户规模农户的实证分析 [J]. 中国农村经济（4）：46-58.

朱启臻，胡方萌，2016. 新型职业农民生成环境的几个问题 [J]. 中国农村经济（10）：
　　61-69.

F. Ellis，2006. 农民经济学：农民家庭农业和农业发展 [M]. 上海：上海人民出版社.

A. Abdulai，R. Eberlin，2001. Technical efficiency during economic reform in Nicaragua：

evidence from farm household survey data [J]. Economic Systems (2): 113 - 125.

A. De Janvry, M. Fafchamps, E. Sadoulet, 1991. Peasant household behaviour with missing markets: some paradoxes explained [J]. The Economic Journal (409): 1400 - 1417.

A. Devaux, D. Horton, C. Velasco, et al, 2009. Collective action for market chain innovation in the Andes [J]. Food Policy (1): 31 - 38.

A. Heshmati, S. C. Kumbhakar, 1994. Farm heterogeneity and technical efficiency: some results from Swedish dairy farms [J]. Journal of Productivity Analysis (1): 45 - 61.

A. Young, 1928. Increasing returns and economic progress [J]. The Economics Journal (152): 527 - 542.

A. H. Akram - Lodhi, 2005. Vietnam's agriculture: processes of rich peasant accumulation and mechanisms of social differentiation [J]. Journal of Agrarian Change (1): 73 - 116.

A. K. Mishra, A. Kumar, P. K. Joshi, et al, 2016. Impact of contracts in high yielding varieties seed production on profits and yield: the case of Nepal [J]. Food Policy (62): 110 - 121.

A. T. Denzau, D. C. North, 1994. Shared mental models: ideologies and institutions [J]. Kyklos (1): 3 - 31.

B. Sianesi, 2004. An evaluation of the Swedish system of active labor market programs in the 1990s [J]. Review of Economics and Statistics (1): 133 - 155.

B. - H. Gong, R. C. Sickles, 1989. Finite sample evidence on the performance of stochastic frontier models using panel data [J]. Journal of Productivity Analysis (3): 229 - 261.

C. Bizimana, W. L. Nieuwoudt, S. R. Ferrer, 2004. Farm size, land fragmentation and economic efficiency in southern Rwanda [J]. Agrekon (2): 244 - 262.

C. Csaki, C. de Haan, 2003. Reaching the rural poor: a renewed strategy for rural development [M]. World Bank Publications.

C. Poulton, A. Dorward, J. Kydd, 2010. The future of small farms: new directions for services, institutions, and intermediation [J]. World Development (10): 1413 - 1428.

C. Solano, H. León, E. Pérez, et al, 2001. Characterising objective profiles of Costa Rican dairy farmers [J]. Agricultural Systems (3): 153 - 179.

C. A. Carter, F. Zhong, J. Zhu, 2012. Advances in Chinese agriculture and its global implications [J]. Applied Economic Perspectives and Policy (1): 1 - 36.

C. E. Ward, 1997. Vertical integration comparison: beef, pork, and poultry [J]. Oklahoma Current Farm Economics (70): 16 - 29.

C. - H. Chen, T. - K. Liu, J. - J. Dai, 2010. TFP growth, decomposition and the determinants of the decomposed effects - an empirical study on Japanese regional farming families [J]. International Journal of Economic Perspectives (3): 537 - 546.

C. - P. Lo, 2010. Perishability as a determinant of vertical coordination: the case of the US egg, poultry, and pork industries [J]. China Agricultural Economic Review (1): 49 - 62.

D. Abebaw, M. G. Haile, 2013. The impact of cooperatives on agricultural technology adoption: empirical evidence from Ethiopia [J]. Food Policy (38): 82 - 91.

E. Fischer, M. Qaim, 2014. Smallholder farmers and collective action: what determines the intensity of participation? [J]. Journal of Agricultural Economics (3): 683 - 702.

E. Tolno, H. Kobayashi, M. Ichizen, et al, 2015. Economic analysis of the role of farmer organizations in enhancing smallholder potato farmers' income in middle Guinea [J]. Journal of Agricultural Science (3): 123.

F. Kruijssen, M. Keizer, A. Giuliani, 2009. Collective action for small - scale producers of agricultural biodiversity products [J]. Food Policy (1): 46 - 52.

G. Moschini, D. A. Hennessy, 2001. Uncertainty, risk aversion, and risk management for agricultural producers [J]. Handbook of Agricultural Economics (9): 87 - 153.

G. E. Battese, T. J. Coelli, 1992. Frontier production functions, technical efficiency and panel data: with application to paddy farmers in India [J]. Journal of Productivity Analysis (1): 153 - 169.

G. H. Wan, E. Cheng, 2001. Effects of land fragmentation and returns to scale in the Chinese farming sector [J]. Applied Economics (2): 183 - 194.

H. Deng, J. Huang, Z. Xu, et al, 2010. Policy support and emerging farmer professional cooperatives in rural China [J]. China Economic Review (4): 495 - 507.

I. Ferto, G. Szabó, 2002. Vertical coordination in transition agriculture: a cooperative case study. institute of economics, Hungarian Academy of Sciences [J]. Discussion Papers (4): 1 - 8.

I. Geyskens, J. — B. E. Steenkamp, N. Kumar, 1998. Generalizations about trust in marketing channel relationships using meta - analysis [J]. International Journal of Research in Marketing (3): 223 - 248.

J. Bijman, 2008. Contract farming in developing countries: an overview [R]. Wageningen: Wageningen University, Department of Business Administration.

J. Huang, S. Rozelle, 1996. Technological change: rediscovering the engine of productivity growth in China's rural economy [J]. Journal of Development Economics (2): 337 - 369.

J. Kumar, K. P. Kumar, 2008. Contract farming: problems, prospects and its effect on income and employment [J]. Agricultural Economics Research Review (2): 243 - 250.

J. A. Escobal, D. Cavero, 2012. Transaction costs, institutional arrangements and inequality outcomes: Potato marketing by small producers in rural Peru [J]. World Development (2): 329 - 341.

J. A. Gómez - Limón, L. Riesgo, 2004. Irrigation water pricing: differential impacts on irrigated farms [J]. Agricultural Economics (1): 47 - 66.

J. A. Richard, 2017. Equality and equal opportunity for welfare [M]. Routledge.

J. J. Assuncao, M. Ghatak, 2003. Can unobserved heterogeneity in farmer ability explain the inverse relationship between farm size and productivity [J]. Economics Letters (2): 189 - 194.

J. J. Heckman, E. J. Vytlacil, 2007. Econometric evaluation of social programs, part II: using the marginal treatment effect to organize alternative econometric estimators to evaluate social programs, and to forecast their effects in new environments [J]. Handbook of Econometrics (6): 4875 - 5143.

J. - P. Chavas, R. Petrie, M. Roth, 2005. Farm household production efficiency: evidence from the Gambia [J]. American Journal of Agricultural Economics (1): 160 - 179.

J. R. Temple, 2001. Generalizations that aren't? Evidence on education and growth [J]. European Economic Review (6): 905 - 918.

K. Deininger, D. Monchuk, H. K. Nagarajan, et al, 2017. Does land fragmentation increase the cost of cultivation? Evidence from India [J]. The Journal of Development Studies (1): 82 - 98.

K. Otsuka, Y. Liu, F. Yamauchi, 2016. The future of small farms in Asia [J]. Development Policy Review (3): 441 - 461.

M. Fisher, J. J. Reimer, E. R. Carr, 2010. Who should be interviewed in surveys of household income? [J]. World Development (7): 966 - 973.

M. Granovetter, 1985. Economic action and social structure: the problem of embeddedness [J]. American Journal of Sociology (3): 481 - 510.

M. Maertens, J. Swinnen, 2006. Trade, food standards and poverty: the case of high - value vegetable exports from Senegal [R]. The 26th Conference of International Association of Agricultural Economists.

M. M. Pitt, L. - F. Lee, 1981. The measurement and sources of technical inefficiency in the

Indonesian weaving industry [J]. Journal of Development Economics (1): 43 - 64.

N. Key, D. Runsten, 1999. Contract farming, smallholders, and rural development in Latin America: the organization of agroprocessing firms and the scale of outgrower production [J]. World Development (2): 381 - 401.

O. Williamson, 1985. The economic institutions of capitalism: firms, markets, relational contracting [M]. New York: University of California, Berkeley - Business & Public Policy Group.

P. Bardhan, C. Udry, 1999. Development microeconomics [M]. OUP Oxford.

P. Simmons, P. Winters, I. Patrick, 2005. An analysis of contract farming in East Java, Bali, and Lombok, Indonesia [J]. Agricultural Economics (3): 513 - 525.

P. R. Rosenbaum, D. B. Rubin, 1985. Constructing a control group using multivariate matched sampling methods that incorporate the propensity score [J]. The American Statistician (1): 33 - 38.

Q. Cai, Y. Zhu, Q. Chen, 2016. Can social networks increase households' contribution to public - good provision in rural China? The case of small hydraulic facilities construction [J]. China Agricultural Economic Review (1): 148 - 169.

R. Henderson, E. Van den Steen, 2015. Why do firms have " purpose"? The firm's role as a carrier of identity and reputation [J]. American Economic Review (5): 326 - 330.

S. Bäckman, K. Z. Islam, J. Sumelius, 2011. Determinants of technical efficiency of rice farms in North - Central and North - Western regions in Bangladesh [J]. The Journal of Developing Areas (6): 73 - 94.

S. Bowles, H. Gintis, 2002. Social capital and community governance [J]. The Economic Journal (483): 419 - 436.

S. Singh, 2002. Contracting out solutions: political economy of contract farming in the Indian Punjab [J]. World Development (9): 1621 - 1638.

S. Sivramkrishna, A. Jyotishi, 2008. Monopsonistic exploitation in contract farming: articulating a strategy for grower cooperation [J]. Journal of International Development (3): 280 - 296.

S. Wiggins, J. Kirsten, L. Llambí, 2010. The future of small farms [J]. World Development (10): 1341 - 1348.

S. Y. Wu, 2006. Contract theory and agricultural policy analysis: a discussion and survey of recent developments [J]. Australian Journal of Agricultural and Resource Economics (4): 490 - 509.

T. Coelli，1995. Estimators and hypothesis tests for a stochastic frontier function：A Monte Carlo analysis [J]. Journal of Productivity Analysis (3)：247 - 268.

W. Ma，A. Abdulai，2016. Does cooperative membership improve household welfare? evidence from apple farmers in China [J]. Food Policy (58)：94 - 102.

X. Su，Y. Wang，S. Duan，et al，2014. Detecting chaos from agricultural product price time series [J]. Entropy (12)：6415 - 6433.

Z. Zhong，C. Zhang，F. Jia，et al，2018. Vertical coordination and cooperative member benefits：case studies of four dairy farmers' cooperatives in China [J]. Journal of Cleaner Production (172)：2266 - 2277.

图书在版编目（CIP）数据

小农户和现代农业衔接的服务组织模式研究 / 韩春虹著. -- 北京：中国农业出版社，2024.7. -- ISBN 978-7-109-32240-0

Ⅰ. F323

中国国家版本馆 CIP 数据核字第 2024T7B850 号

小农户和现代农业衔接的服务组织模式研究

XIAONONGHU HE XIANDAI NONGYE XIANJIE DE FUWU ZUZHI MOSHI YANJIU

中国农业出版社出版

地址：北京市朝阳区麦子店街 18 号楼

邮编：100125

责任编辑：潘洪洋

版式设计：王　晨　　责任校对：周丽芳

印刷：北京中兴印刷有限公司

版次：2024 年 7 月第 1 版

印次：2024 年 7 月北京第 1 次印刷

发行：新华书店北京发行所

开本：700mm×1000mm　1/16

印张：11.25

字数：180 千字

定价：65.00 元